KB177862

취직의 기술

당신을 뽑지 않고선 못 견디게 만드는

취직의 기술

이종구 지음

다연
DAYEONBOOK

20년 후 당신은, 했던 일보다 하지 않았던 일로 인해 더 실망할 것이다.
그러므로 돛줄을 던져라. 안전한 항구를 떠나 항해하라.
당신의 돛에 무역풍을 가득 담아라.
탐험하라. 꿈꾸라. 발견하라.

- 마크 트웨인

전형을 통과하는 것만으로는
아무 의미가 없다

대부분의 면접자가 너무나 형편없는 수준으로 면접을 보고 있습니다.

정해진 답으로 가득 찬 이력서와 자기소개서를 보면 한숨만 나올 뿐입니다. 누군가의 코칭을 받은 티가 나는 경우에는 오히려 문제가 더 심각합니다. 마치 같은 성형외과 출신인 성형 미인들을 보는 느낌이랄까요?

왜 그렇게 많은 사람이 채용의 간단한 원리를 모르는 것일까요?

왜 단 한 번이라도 직원을 뽑는 입장에서 그들이 어떤 생각을 하고 어떤 사람을 뽑고 싶어 하는지에 대해선 고려하지 않고 지원하는 입장에서만 생각하는 것일까요?

왜 '이런 상황에서는 이렇게 대답하는 게 정답일 것 같다'는 식의 사전에 준비된 앵무새 답변만 반복하는 걸까요?

'남들도 하니까 나도 해보자' 하는 막연한 마음으로 창업했다가 얼마 못 가 문 닫는 창업자들을 주변에서 흔히 봅니다. 저는 요즘 입사 지원자들을 보면서 그들과 별반 다르지 않다는 생각을 합니다.

백화점에서 점원들이 매장 앞까지 나와 손님이 근처만 지나가도 배꼽 인사를 하는 경우가 있습니다. 그런 매장은 십중팔구 장사가 안 되는 매장입니다.

어쩌다 한번 물건에 손만 대도 점원이 쏜살같이 다가와서 "찾는 물건 있으세요?"라고 묻습니다. 그러면 부담스러운 마음이 들어 매장을 황급히 떠나기 일쑤입니다.

그 직원 입장에서는 워낙 장사가 안 되다 보니 본인이 할 수 있는 최선을 다한 것뿐이겠지요. 그런데 그런 최선이 과연 매출에 도움이 될까요?

'최선을 다했다'라는 말은 바꿔 말하면 머리 쓰기 싫다는 정신적 게으름의 다른 표현일 수도 있습니다.

'나는 나름대로 최선을 다했다. 그러니 안 되는 것은 남 탓이다! 환경 탓이다! 시스템 탓이다!'라고 불평하기 전에 손님 입장에서 한번 생각해봐야죠.

장사 안 되는 백화점마다 약속한 듯이 꼭 등장하는 게 엄격한 서비스 감독입니다.

백화점 경영자 입장에서도 장사가 잘 안 되니 할 수 있는 건 다 해보려고 노력하게 마련이지요. 그중에서 제일 머리 안 쓰고 쉽게 관리할 수 있는 부분이 청결과 고객 응대 서비스입니다. 점원의 옷차림, 손톱 길이, 머리칼 길이, 매장 청결도, 매장 조명의 조도, 넓고 시원한 동선, 입점 인사, 퇴점 인사, 배꼽 인사 등 점검 항목이 끝도 없습니다. 그래서 장사 안 되는 백화점은 하나같이 똑같은 양상을 보입니다. 바닥은 윤이 나도록 반들거리고, 조명은 필요 없이 밝고, 매장은 썰렁할 정도로 한눈에 훤히 들여다보이는 것이지요.

과연 이런 매장에서 물건 살 맛이 날까요?

요즘 채용 때마다 산더미같이 쌓여 있는 이력서들을 보면서 제가 받은 느낌은 이 백화점의 상태와 별반 다르지 않습니다. 면접도 마찬가지입니다. 외모, 태도, 말하는 내용 등 모든 면에서 흠이라고는 찾아볼 수 없을 정도로 완벽해 보이지만 정작 뽑고 싶은 마음이 드는 사람은 많지 않습니다.

설문조사나 FGI Focus Group Interview, 심층 그룹 인터뷰를 통해 백화점 고객들에게 '매장을 어떻게 꾸며야 좋습니까?'라고 물어보면, 백화점 측에 꼭 필요하다고 강조하는 의견들이 하나같이 청결한 매장, 깍듯한 인사, 쾌적한 동선에 대한 것입니다. 실제로 본인들은 그런 곳에서 물건을 사지 않으면서 말입니다.

시중에 나와 있는 자기소개서 및 면접 관련 책들을 읽거나 취업 준비 관련 강의를 들으면서 저는 이런 백화점 설문조사 답변처럼 현실감 떨어지는 조언들이라는 느낌을 받았습니다.

'스토리텔링을 하라', '키워드를 모아라', '직무 접합성을 강조하라'

등등 사실 틀린 내용은 하나도 없습니다. 하지만 모두 서류전형을 통과하기 위한 수준에 불과할 뿐 정작 최종 채용의 마지막 순간에는 결정적 영향을 주지 못하는 이야기들입니다.

왜 그럴까요?

첫 번째 이유는 대부분의 채용 관련 책의 저자, 강사 들이 실제로 그 회사의 최종 채용 결정권자가 아니었기 때문입니다.

이들의 커리어는 채용 관련 부서의 실무자 또는 팀장인 경우가 대부분입니다. 이들이 채용의 일선 실무단에서 일한 것은 맞지만 대개 실제 채용을 최종 결정하는 인물은 아니었던 것이지요.

기업의 채용 시스템은 크게 실무전형과 최종전형의 두 단계로 나누어집니다.

최종전형은 아주 큰 대기업의 경우를 제외하고는 거의 오너나 CEO가 결정하고 나머지 실무전형은 끽해야 임원, 대부분은 팀장급에서 이뤄집니다.

실무전형은 결정권이 없습니다. 실무전형은 뽑는 기능이 아니라 걸러내는 기능입니다. 수많은 지원자를 모두 최종 면접에 넘길 수 없기 때문에 그들을 잘 추려내는 것이 실무전형의 미션입니다. 그래서 시중에 나와 있는 채용 관련 책들이나 강의들의 내용 대부분이 어떻게 하면 '뽑히느냐'에 대한 것이 아니라, 어떻게 하면 '좋다'라는 1차적 내용들만 거론하고 있는 것입니다. 실제로 그들이 채용의 최종 결정을 해보지 않았기 때문에 '어떻게 해야 뽑힌다'에 대한 내용이 빈약한 건 당연합니다.

두 번째 이유는 알아도 말로 표현하기가 어렵기 때문입니다.

앞선 백화점 설문조사에 답한 소비자들이 실제 그 백화점에서 물건을 자주 사는 고객이라 할지라도 어떤 매장이 본인들의 지갑을 열게 해주느냐는 질문에는 제대로 답해주기가 힘듭니다. 답을 하더라도 누구나 알 만한 보편적 대답인 경우가 많지요.

왜냐하면 장사라는 것은 논리 정연한 원칙이나 눈에 보이는 사실들만 가지고 예측 가능한 성질의 것이 아니기 때문입니다.

장사는 오히려 남녀 간의 연애와 비슷한 메커니즘을 가지고 있습니다. 조건 좋고 느낌 좋다는 것만으로 사랑에 빠지고 또 결혼에까지 이르는 것은 아닙니다. 우리가 매대에서 물건을 골라 지갑을 여는 그 짧은 과정에서도 수많은 변수와 형이하학, 형이상학적 방정식들이 복합적으로 얽혀서 작동합니다. 이 메커니즘을 인간의 언어라는 2차원적 도구로 풀어서 설명한다는 것은 웬만한 인사이트가 있는 사람이 아니고서는 쉽지 않습니다.

그럼에도 잘되는 매장의 노하우에 대한 연구는 여전히 계속되고 있습니다.

'사람의 시선을 끄는 조명은 섭씨 몇 도이다', '컬러는 이래야 한다', '상품의 진열 각도는 몇 도가 가장 효과적이다' 등등 얼핏 들으면 귀가 솔깃해지는 내용들입니다. 하지만 막상 그 사항들을 자기 매장에 그대로 적용하려고 하면 잘 어울리지 않을뿐더러 현실성 또한 떨어져 보입니다. 무작정 고스란히 적용을 해도 매출이 기대만큼 못 미치는 경우가 허다합니다.

왜냐하면 그런 원칙들을 내 매장에 그대로 적용하기에는 뭔가 어울리지 않는 수많은 외부 변수가 존재하기 때문입니다.

연애박사들이 쓴 연애 원칙들을 달달 암기한다고 해서 실제로 연애에 성공하고 결혼에까지 이를 수 있을까요? 쉽지 않습니다. 왜 어려울까요? 마찬가지 이유에서입니다.

채용 과정도 같은 맥락입니다. 채용 과정 역시 연애 과정처럼 채용이 잘 되는 몇 가지 원칙만 달달 암기한다고 해서 원하는 목적을 달성할 수 없습니다.

그것은 소비자가 어떤 마음으로 물건을 매대에서 집어 계산하는지, 면접관이 어떤 마음으로 최종 합격자를 결정하는지 그 '마음'을 읽어야만 비로소 가능합니다.

채용 관련 노하우를 가르쳐준다는 책 내용이 '이 사람 나쁘지 않군, 이 사람 괜찮군' 정도의 결과까지 이끌어내는 수준에만 머무른다면, 백화점 설문조사에서 '매장은 청결하고 점원은 배꼽 인사하라'라는 것과 비슷한 수박 겉핥기 수준에 불과할 것입니다.

카드를 지갑에서 꺼내 단말기에 긁는 마지막 순간까지 이끌어내야 최종 채용이 결정되는 것입니다. 그게 아니라면 그전까지의 어떤 긍정적 이미지도 아무 소용없습니다. 면접관들에게 좋은 이미지만 주고 빈손으로 집에 돌아가는 게 무슨 의미가 있을까요?

　상대의 마음을 읽는 것, 상대가 무엇을 원하는지를 알아내는 것은 독심술이 아니라 인사이트가 필요한 부분입니다.

　인사이트는 막연히 최선을 다한다고 하여 얻어지는 것이 아닙니다. 인사이트는 우선 상대방 입장에서 생각하고 느낄 수 있어야 그 원리를 이해할 수 있습니다. 그러기 위해서는 고도의 집중력이 필요합니다. 시각, 청각, 촉각, 후각, 미각, 그 이상의 육감을 발동해서라도 상대의 정보를 빨아들여야 합니다.

　그래야 비로소 인사이트라는 것을 얻을 수 있습니다. 마치 클럽에서 부킹을 할 때 호구조사만 끝낸 채 '내 할 일 다했으니 이제부턴 운명의 여신이 알아서 인연을 맺어주겠지' 하는 마음으로 먼 산만 쳐다보면서 기다릴 것이 아니지요. 좀 더 적극적으로 상대방이 지금 뭘 원하는지를 집중 관찰을 통해 알아내야만 합니다.

　그래야 비로소 상대방의 호감의 문을 활짝 여는 인사이트 있는 말 한마디, 행동이 나올 수 있습니다.

　어차피 '자기다움'이란 원래부터 타고나는 게 아닙니다. 자기 스스로도 살아가면서 점차 알아가는 것입니다. 변화하는 것입니다. 나는 원래 이런 사람이니까 있는 그대로의 모습을 보여주는 게 최선이라고 생각한다? 그러면 그것은 과거에 머무르는 정지된 인생, 발전 없는 인생입니다.

'나는 어차피 얼굴이 못생겼으니까 몸매관리 안 한다'라는 사람이 있는가 하면, '나는 얼굴이 못생겼으니까 몸매관리를 해야 한다'라는 사람도 있습니다.

이 세상에 단점 없는 사람은 없습니다. 기업은 직원을 채용할 때 단점이 없어 보이는 사람은 오히려 뭔가 꺼림칙해서 채용을 꺼리는 경우가 많습니다. 구직자의 장단점이 모두 명확하게 파악된 상태에서 의사결정을 내릴 때 더 편안한 마음이 듭니다.

학벌이라든지 환경 측면에서 누가 봐도 명백한 단점들이 수면 위로 드러나 있는 구직자의 경우, 오히려 서류상에 나타나 있지 않은 숨은 장점이 무엇인지를 캐보고 싶어지는 것이 사람 심리입니다. 그러니 본인의 단점 때문에 열등감을 가질 필요가 없습니다.

누구나 경쟁력을 갖출 수 있습니다. 중요한 것은 내가 가지고 있는 조건이라기보다는 채용 과정에 대처하는 기술입니다. 있는 그대로의 내 모습이 아닌, 내가 변신할 수 있는 최고의 매력적인 모습으로 최종 합격이라는 과녁에 나를 명중시켜야 합니다. 주변에 미인 혹은 미남을 얻은 친구들을 보십시오. 조건이나 우연이 만들어준 결과만은 절대로 아닐 것입니다. 여러분의 스펙에 특별한 기술을 걸어야 합니다.

채용은 공평한 게임이 절대 아닙니다.

나보다 훨씬 못난 사람이 더 좋은 회사에 합격하고, 나보다 훨씬 똑똑한 사람이 더 안 좋은 환경의 회사에 취직하는 것이 현실입니다. 어차피 실무 능력을 보자면 신입 사원 대개의 수준이 다 거기서 거기입니다. 자리가 사람을 만든다고, 어느 회사에서 어떤 일을 하느냐가 본인의 경쟁력이 됩니다. 그래서 우선 무조건 좋은 직장에 들어가야 합니다.

대단해 보이는 회사들도 밖에서 보기에는 오르기 힘든 높은 나무 같아도 실제로 속을 들여다보면 사실 그 수준이 거기서 거기인 경우가 대부분입니다.

물론 일부 대기업의 경우는 다를 수도 있겠습니다. 하지만 우리나라의 웬만한 중견기업들의 경우, 공식적인 채용 때는 입사하기 까다로운 대단한 회사처럼 굴지만 실제로는 채용 과정이나 기준이 시스템화되어 있지도 않습니다. 성공적으로 채용되어 자기 자리에 앉아 주변을 둘러보면 '내가 여기 들어오려고 그렇게 고생했나' 하는 생각이 들 정도로 직원들의 수준이 그저 그런 경우가 많습니다.

대한민국에서 태어나 이 정도 문화환경을 누리고 웬만한 대학을 나온 정도의 수준이면 그 어떤 기업에 입사하더라도 자기 역할을 충분히 해낼 수 있습니다.

다들 면접의 기술 ABC는 알고 있지만 면접의 기술 DEF를 몰라서 끝까지 뻗어나가지 못하는 것일 뿐입니다.

스펙으로 벌이는 승부는 이미 입사지원서를 보낸 그 순간 끝났습니다. 이제부턴 저와 함께 남은 채용의 과정을 어떻게 요리할지, 여러분의 스펙에 어떻게 기술을 걸지에 대해서만 생각합시다.

CONTENTS

CHAPTER 3 서류전형

CHAPTER 4 면접의 원리

CHAPTER 5 면접의 DO & DON'T

CHAPTER 6 언제, 어디에 지원하는가?

어떻게 뽑히는가?

인식의 전환,
채용은 거래이다

'천수답天水畓'이라는 말을 들어본 적 있나요? 천수답은 오로지 하늘에서 직접 떨어지는 빗물에만 의존하여 벼를 재배하는 논을 말합니다.

과거 우리나라에 천수답이 꽤 있었으나 요즘은 찾아보기 힘들어졌습니다.

천수답이라는 말은 기존의 방식에 매몰된 채 '될 대로 되겠지' 하는 안이한 자세로 사업에 임하는 게으른 기업들을 가리킬 때 사용하기도 합니다.

이런 기업들은 장사가 잘 안 되면 날씨 탓, 경제 탓, 정치 탓을 하는 게 그 특징입니다.

제가 만나본 많은 취업 준비생도 나름대로 이렇게 저렇게 열심히 노력은 합니다만, 기존에 하던 방식이 잘 안 통한다고 느꼈을 때 바로 뭔가 다른 노력을 하지 않는 천수답식 태도에서 벗어나지 못하고 있었습니다.

자유경제 시장에서 취직이란 '나'라는 상품을 적정한 '연봉'에 판매하는 명백한 거래 행위입니다. 다소의 우연과 인맥 또는 인정 등이 채용 과정에 작용할 수는 있겠지만, 지원자라는 수많은 유사 상품과 경쟁하며 채용이라는 판매 전쟁을 이겨내야 합니다. 즉, '장사'와 근본적으로 같은 성질이라는 사실을 받아들여야 합니다. 엄연한 시장의 법칙이 적용되지요.

그래서 가장 먼저 여러분이 확실히 이해해야 할 점은 채용 시장에 발을 디딘 이상, 여러분 스스로를 하나의 상품이라고 여겨야 한다는 사실입니다.

그 어떤 소비자라도 여러분이라는 상품을 아무 이유 없이 사주지 않습니다. 따라서 살 만한 명백한 이유가 있어야 하고, 없으면 만들어야 합니다. 여러분 말고도 요즘 시장에는 매력적인 상품들이 넘쳐납니다. 왜 하필 여러분을 사줘야 하는지 본인 스스로도 그 이유를 명백히 알아야 합니다.

그래야 그 이유에 맞게 POP도 쓰고, 진열도 하고, 지나가는 고객에게 말도 걸 수 있습니다. 이 이야기가 지금은 아주 당연한 말처럼 들릴 수도 있겠지만 실제로 면접자들에게 "왜 우리 회사가 당신을 뽑아야 합니까?"라고 질문하면 눈만 말똥말똥 뜬 채 황당한 표정을 짓는 이가 많습니다. '아니, 나에 대한 정보는 이력서에 다 있고, 난 당신이 묻는 질문에 대답하러 온 사람인데, 왜 그런 이상한 질문을 하느냐'는 듯한 표정을 짓는 경우가 많지요.

처음 와본 식당에서 "여기 뭐가 맛있어요?"라고 물어볼 때 돌아오는 대답이 "다 맛있어요"라면 여러분은 어떤 기분이 드나요? '정말 다 맛있으니까 날 믿고 아무거나 고르라'는 말로 들리나요? 아니면 '바쁜데 귀찮게 왜 자꾸 물어봐? 아무거나 시키지'라는 뜻으로 이해되나요?

기업은 여러분을 적극적으로 유혹하려 들지 않습니다.

채용 과정의 특성상 오히려 '나를 어떻게든 설득해봐, 당신이 알아서 나를 유혹해봐' 하는 식의 소극적 태도를 가질 수밖에 없습니다.

적극적 태도가 필요한 것은 구직자입니다. 주어진 기회, 주어진 시간 내에 무슨 방법을 써서라도 적극적으로 왜 당신이 꼭 나를 사야 하는지를 알려야 합니다.

사실, 세상의 어떤 상품이든 팔릴 수는 있습니다. 싸게 팔면 됩니다. 하지만 그건 여러분이 원하는 거래가 아니지요. 만일 누가 봐도 그저 그런 상품을 본인의 가치보다 비싸게 팔고 싶으면 기술을 써야 합니다. 그래서 기업들이 마케팅을 하고 브랜딩을 하는 것입니다.

여러분도 기업처럼 STP Segmentation, Targeting, Positioning 전략, 브랜드 매니지먼트를 해야 합니다. 3C Competitor, Consumer, Company 분석이 필

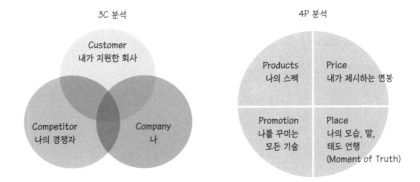

3C 분석

Customer
내가 지원한 회사

Competitor
나의 경쟁자

Company
나

4P 분석

Products
나의 스펙

Price
내가 제시하는 연봉

Promotion
나를 꾸미는
모든 기술

Place
나의 모습, 말,
태도 언행
(Moment of Truth)

요하고 4P Product, Price, Place, Promotion 분석이 필요합니다. 그런 다음에
야 비로소 상품을 시장에 팔 수 있는 그런 시대입니다. '이 정도로 열
심히 만들어놨으면 알아서 팔리겠지' 같은 천수답의 태도로는 요즘
세상에 취직하기란 정말 어렵습니다.

　3C 분석, 4P 분석을 어딘가에 제출할 리포트 준비하듯이 고민할
필요는 없습니다.

　빈틈없이 잘 작성된 기획서만으로 대박 상품을 만들어낼 수 없듯
이 이런 마케팅적 접근의 목적은 여러분의 채용 과정에 필요한 핵심
적 인사이트를 얻기 위함입니다. 따라서 분석은 숙제하듯이가 아니
라 숨은 맥을 찾아내겠다는 자세로 해야 합니다.

　나의 스펙을 잠재 경쟁자들의 것과 객관적으로 비교해보면서 내
가 어떤 점에서 그들보다 우등하고 어떤 점에서 열등한지 확인합니
다. 그리고 내가 지원하는 회사에 대해 여러 루트로 최대한 자세히

가장 먼저 여러분이 확실히 이해해야 할 점은
여러분은 채용 시장에 발을 디딘 이상, 여러분 스스로를
하나의 상품이라고 여겨야 한다는 사실입니다.

조사합니다.

겉으로 드러난 객관적 정보도 중요하지만 그 회사 입장에서 볼 때 본인이 어떤 점에서 경쟁 우위에 있고 어떤 점이 부족하고 그래서 어떻게 보완해야 할지를 생각해야 합니다.

그래야만 앞서 있는 나만의 차별적 경쟁 요소들을 발견할 수 있고, 그것을 서류상에 제대로 표현할 수 있고, 면접에서도 효과적으로 어필할 수 있습니다.

거꾸로 내가 지원한 회사가 지금 시점에서 절실하게 찾고 있는 직원의 모습이 무엇인지를 생각해야 합니다. 그리고 내가 가지고 있는 경쟁 요소들 중 그것들에 매칭되는 것이 있는지를 찾아내어 더 화려하게 포장해야 합니다. 또는 한발 물러서서 잠시 시간을 가지고 내게 절대적으로 필요하다고 판단되는 스펙을 찾아내어 보충할 계기로 삼아도 좋습니다.

CHECK POINT ——— 01

- 나만 가지고 있는 경쟁력은 무엇인가?
- 내가 지원한 회사에서 나의 경쟁력을 매력적으로 느낄 것인가?
- 자신이 없다면 나는 지금부터 어떤 경쟁력을 보완해야 하는가?

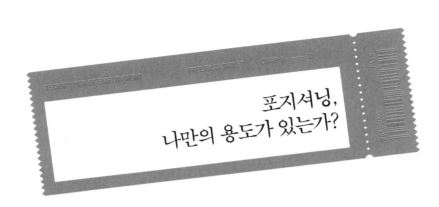

포지셔닝,
나만의 용도가 있는가?

마케팅에 관련된 내용이 너무 많아서 혹시 이해하기 어렵다고 느낄 이가 있을지도 모르겠습니다. 취직의 실무적 기술이 아닌, 그 원리를 설명하는 부분이다 보니 그럴 수도 있겠습니다. 하지만 생선 반찬을 만들어 입에 떠 먹여주는 것보단 낚시하는 법을 가르쳐주는 것이 더 효과적이겠지요? 원리를 이해해야 예상치 못한 환경이나 상황이 닥쳤을 때 그것을 이겨낼 자기만의 방법을 찾아낼 수 있기 때문입니다.

원리를 설명하는 부분이 아무래도 이해하기 불편하다면 바로 다음 장으로 넘어가 채용 과정의 실무 기술 부분부터 읽어도 무방합니다. 실무 내용들을 먼저 습득한 후에 다시 돌아와 원리 부분을 읽으면 아마 처음보다 더 쉽게 이해할 수도 있을 것입니다.

　3C 분석이나 4P 분석은 말 그대로 분석입니다. 좀 더 실제적으로 여러분이 신경 써야 하는 부분은 포지셔닝전략과 브랜딩 부분입니다. 기업의 포지셔닝전략을 입사 지원자인 여러분의 입장에서 설명하자면, 내가 지원한 회사가 나를 꼭 뽑아야 하는 특별한 이유가 있음을 어필하는 것입니다. 그 회사 입장에서 내가 채워주어야만 하는 니즈, 즉 나의 명확한 용도가 무엇인지를 발견하고, 만일 없다면 만들어내서라도 그 내용을 전달하는 행위입니다.

　여기서 중요한 건 여러분의 입장이 아닌, 지원 회사 입장에 서서 생각해야 한다는 점입니다.

　회사는 자선단체가 아니기 때문에 비어 있는 티오TO를 무조건 채우지는 않습니다. 그 회사의 성장곡선상에서의 위치나 시장 상황에 따라 그때그때 꼭 필요한 직원의 용도가 있기 때문이죠. 그래서 단지 채용 공고상에 나와 있는 해당 업무기술Job Description의 내용만 읽어볼 게 아니라 여러 루트를 통해 그 회사의 최신 정보를 입수해야 합니다. 채용 공고는 여러분의 입사를 최종 결정하는 의사결정권자가 쓴 글이 아니라 채용 과정을 진행하는 실무자의 머리에서 나온 지극히 상식적이고 일반적인 내용에 불과합니다. 따라서 여러분이 그 회사의 오너라고 생각하고 '나라면 지금 어떤 용도의 직원이 필요할까?'를 생각해봐야 합니다.

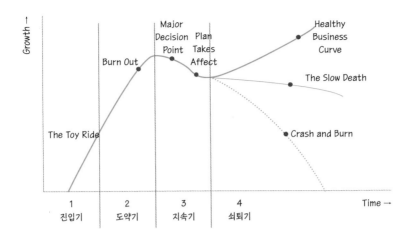

지원 회사가 갓 창업한 스타트업 기업이거나 혹은 지원 부서가 새롭게 프로젝트를 시작하는 경우, 즉 진입기라면 그들에게 필요한 직원의 용도는 무엇일까요? 경험 많고 노련한 스킬일까요? 꼼꼼하게 실수를 짚어내는 역할일까요? 대부분 이런 단계의 회사나 조직은 소수의 인원으로 프로젝트를 시작하는 경우가 많기 때문에 그들에겐 창의적이고 다재다능한 일당백의 직원이 우선 필요할 것입니다.

한편 도약기는 일단 검증된 사업모델을 가지고 치고 올라가야 할 때입니다. 이때 필요한 직원은 추진력, 영업력이 뛰어나고 행동이 빠른 사람이겠지요.

회사가 어느 정도 정점에 이른 시점, 지속기에는 뭔가 새로운 일을 벌이기보단 기존 시장을 지속 성장시키는 데 관심이 있습니다. 이때는 꼼꼼하고 관리력을 갖춘 직원이 필요합니다. 업계 정보에 능통하고 다방면의 인맥이 풍부한 직원도 회사를 안정적으로 운영하는 데에서 꼭 필요한 역할을 해줄 것입니다.

마지막으로 기업이 쇠퇴해가는 시점에는 지푸라기라도 잡고 싶은 심정이겠지요. 그래서 이때는 다시 도약기 시점에 필요했던 니즈들을 채워줄 직원을 찾게 됩니다. 창의적이고 다재다능한 일당백의 직원들이 다시 필요하지요.

이처럼 여러분은 지원 회사가 어떤 성장곡선에 위치해 있는지를 먼저 파악하고, 각 단계에서 필요로 하는 용도에 맞게 본인의 차별성을 강조해야 합니다.

비슷비슷한 스펙을 가진 많은 지원자 사이에서 나만이 채워줄 수 있는 용도, 치명적인 매력 포인트를 찾아내면 사실 게임은 쉽게 끝납니다. 하지만 실상 오늘날처럼 경쟁이 포화된 시대에는 시장 상황과 마찬가지로 구직 시장에서도 이런 교과서적으로 명확한 포지셔닝 포인트를 찾기란 쉽지 않습니다. 요즘에는 기업들도 과거처럼 뾰족하고 치명적인 나만의 포지셔닝을 찾으려 무리해서 시간과 노력을 들이기보단 상대적으로 경쟁사들보다 조금이라도 나아 보이는 위치에서 무난하고 뭉툭하게 차별화 포인트를 잡는 경우가 많습니다. 그래도 중요한 것은 아무리 포지셔닝 맵MAP 상에서 본인의 위치가 선명하지 않더라도 많은 지원자 사이에서 지원 회사가 매력적으로 느낄 만한 나의 위치와 나의 용도가 분명히 존재해야 한다는 것, 그리고 본인 스스로 그것이 무엇인지를 정확히 이해하고 다른 사람에게 말할 수 있어야 한다는 점입니다. 고객은 포지셔닝이 없는 상품을 아예 거들떠보지도 않기 때문입니다.

CHECK POINT —— 02

- 내가 지원한 회사의 성장곡선상에서의 위치를 파악하고 거기에 매칭되는 나만의 용도를 찾아내어 어필하라.
- 회사는 용도가 불분명한 직원을 절대로 뽑지 않는다.

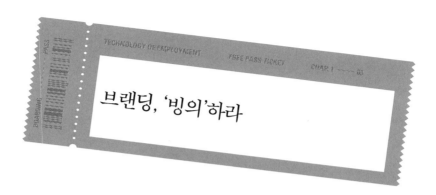

브랜딩, '빙의'하라

본인만의 포지셔닝 포인트를 잡았다면 이제 여러분은 자기 스스로를 브랜딩해야 합니다.

시장에서 브랜딩이 왜 중요해졌을까요?

예전에는 매력적인 포지셔닝만 명확히 있으면 매출은 알아서 따라왔습니다. 하지만 경쟁이 점점 심화되자 모든 기업이 포지셔닝전략을 추구했습니다. 즉, 모두가 각자의 용도와 영역을 만들었기 때문에 더 이상 남은 빈 용도를 찾기가 어려워진 것입니다. 그래서 이제 싸움은 이성적인 것이 아니라 감성적인 것으로 변했습니다. 바로이 감성적 측면을 내게 더 유리하게 만들기 위한 툴이 브랜딩, 브랜드매니지먼트입니다.

상표와 브랜드의 차이는 무엇일까요? 상표가 타 상품과 내 상품을 구분하기 위한 식별표에 불과하다면 브랜드는 거기에 인격이 더해진 것입니다. 그래서 브랜드를 인격이라고 설명하기도 합니다.

모든 브랜드에는 각자의 인격이 있습니다. 좋은 브랜드일수록 자기만의 명확한 인격을 가지고 있습니다. 애플 컴퓨터나 할리데이비슨 오토바이 하면 떠오르는 명확한 자기만의 인격이 있지요? 포지셔닝 맵상에서 비슷한 자리에 위치한 브랜드들일지라도 자기만의 독특한 인격이 있습니다. 예를 들어 에르메스Hermes 의 경우에는 '부잣집 며느리'라는 인격을 가지고 있고, 샤넬CHANEL 은 '부자 아저씨의 애인'이라는 인격을 가지고 있습니다. 같은 마트라도 '이마트' 하면 떠오르는 인격과 '롯데마트' 하면 떠오르는 인격이 서로 다릅니다.

연상되는 인격이 진하거나 연할 수 있지만 모든 브랜드마다 각자의 인격이 있다는 사실에는 변화가 없습니다.

브랜딩, 브랜드매니지먼트라는 개념은 기업이 소비자와 만나는 접점, 즉 4P Product상품, Price가격, Place진열·유통방식, Promotion광고·홍보 활동에서 기업이 추구하는 하나의 인격이 그 접점에서 공통적으로 배어나오게 만들기 위한 모든 활동을 말합니다.

그래서 이 활동이 효과적으로 작동하면 IMCIntergrated Marketing Communication 가 잘되고 있다 하지요. 모든 활동이 연합해서 하나의 인격을 잘 표현한다는 뜻입니다.

예전에는 4P 각 단계의 의사결정이 근시적으로 닥친 상황에 맞게 이루어졌다면 이제는 그 의사결정의 기준이 브랜드의 '인격스러우냐, 그렇지 않느냐'에 따라야 한다는 것이지요.

그래서 브랜딩에서 제일 먼저 해야 할 것은 우리 제품·서비스를 과연 '어떤 인격'으로 포장해야 매출에 가장 도움이 될지를 파악 및 결정하는 일입니다. 이를 '인격 세팅'이라고 부릅니다.

아무리 좋은 인격이라도 내가 가지고 있는 현실적 조건, 즉 나의 스펙과 동떨어진 성질의 것이라면 소비자들의 공감을 얻기란 힘들 것입니다. 거짓말을 하는 것으로만 보일 것입니다. 그래서 기업에 가장 잘 어울리는 브랜딩 인격을 찾기 위해 그 기업 상품의 매출을 올리는 데 도움될 이미지를 가진 군상, 즉 인물예컨대 치킨집은 강호동, 의류 브랜드는 지드래곤을 나열해놓고 그 리스트업 대상 중에서 나의 현실적 조건, 즉 스펙과 가장 유사한 인격을 고릅니다.

그러고 나서 이제 '빙의'의 과정이 등장합니다. 기업의 경우에는 CMO나 브랜드 총괄 임원이 각 실무 부서의 4P 활동을 감시하며 모든 4P 접점에서 기업이 추구하는 인격이 잘 드러나고 있는지 감독합니다. 하지만 그런 관리자가 없는 개인의 경우, 본인 스스로가 '나는 이제부터 그 사람이다'라고 생각하는 '자기최면'이 필요합니다. 이것을 연애 전문 집단인 픽업아티스트들의 세계에서는 '빙의'라고 부르고 픽업 활동에서 가장 핵심적인 덕목으로 꼽습니다.

눈치 빠른 이라면 취업 과정에서 이 '빙의'라는 개념을 어떻게 본인에게 적용시킬지 감을 잡았으리라 생각됩니다.

4P 활동 중 'Product, Price'의 접점은 이력서와 자기소개서이고, 'Place, Promotion'의 접점은 면접입니다. 이 모든 접점에서 '빙의'가 필요합니다.

취업 과정은 나를 내 모습 있는 그대로 가감 없이 보여주는 활동이 아닙니다.

요즘 시장에서는 어떤 물건도 그런 식으로는 팔리지 않습니다. 모든 상품이 그 나름의 '빙의', 브랜딩을 하고 있습니다. 단, 픽업아티스트들도 억지스러운 빙의는 사기 행위라고 경계하듯이 여러분 역시 자신과 동떨어진 스펙의 인물과 빙의하면 역효과만 날 뿐입니다. 내가 가진 조건보다 조금 더 나은 가상의 인물, 하지만 치명적으로 매력적인 그 인물을 머릿속에 떠올리고 내가 마치 그 사람인 양 조금 더 나를 과장하고 강조할 부분을 더 강조하면 됩니다.

그 인물의 말투나 행동의 특징들을 암기해서 그와 똑같이 말하고 행동하겠다는 방법으로는 절대로 디테일한 부분까지 그 사람처럼 보일 수 없습니다. 일정 수준의 '빙의' 상태에서만이 말투, 목소리, 행동거지 하나하나까지 그 사람이 될 수 있습니다.

없는 사실을 만들어내는 것은 불법이지만 엄연히 있는 사실을 과장하고 강조하는 것은 불법이 아닙니다.

과거에 학교나 사회에서 경험하고 일했던 사항, 성장 배경, 환경들……. 그것들이 설사 누구한테 자랑할 만큼 대단한 게 아닐지라도 여러분이 빙의하기로 설정한 매력적인 인물의 이미지 완성을 도와줄 퍼즐 조각들로 끼워 맞추는 행위는 절대 불법이 아닙니다.

사실, 이성을 만날 때 눈치 있고 연애의 감이 조금이라도 있는 사람들은 누구나 일종의 '빙의'를 합니다. 남자들은 목소리가 좀 더 중저음으로 변하고 여자들은 애교가 많아집니다. 사실상 그것은 본인들의 본모습이 아니지요. 사귄 지 몇 개월만 지나면 바로 각자의 본모습으로 돌아가지 않습니까? 처음 만난 이성 앞에서 본인을 더 매력적으로 보이기 위해 본인의 경험상 가장 매력적으로 느꼈던 이상적 인물과 본인을 동일시하는 '빙의'를 본능적으로 한 것이지요. 그래서 이 '빙의'를 잘하는 사람이 연애를 잘한답니다.

CHECK POINT ——— 03

- 지원한 회사에 무조건 뽑힐 것 같다고 생각되는 가상의 인물들을 떠올려라.
- 그중 나의 조건과 가장 유사한 사람을 한 명 골라서 이제부터 나는 그 인물이라는 '자기최면'을 걸어라. 그 인물에 '빙의'하는 것이다.

시장의 법칙이 변화하듯
채용의 법칙도 변화한다

앞서 채용 과정은 일종의 거래이고, 그렇기 때문에 '시장의 법칙'
이 적용된다고 했습니다. 따라서 이제 이 시장의 법칙은 시대에 따
라, 상황에 따라 변한다는 것을 알아야 합니다. 재미있는 것은 시장
의 법칙이 변화하는 것과 같은 형태로 채용 시장의 법칙도 변화한다
는 점입니다.

1970년대, 1980년대에는 시장의 법칙이 수요공급의 법칙을 따랐
습니다. 즉, 채용 시장에서 스펙만 좋으면 취직이 잘되던 시대였지
요. 좋은 대학 나오고 좋은 경험 쌓고 영어 잘하고 남들에게 없는 자
격증을 가지고 있으면 무조건 좋은 직장에 취직이 되었습니다. 아주

스펙이 뛰어나지 않은 사람도 수요공급의 법칙에 따라 눈높이만 낮추면 어딘가에 열려 있는 나의 조건에 맞는 직장의 문을 발견하게 됩니다. 즉, 내가 얼마나 열심히 하느냐에 따라 나의 직장이 정해지던 상당히 공평하고 합리적인 시대였습니다.

하지만 경쟁이 심해지면서, 즉 공급이 수요에 비해 많아지면서 더 이상 채용 시장은 공평하지 않습니다. 당시 전국에 몇십 개 되지 않았던 4년제 대학이 이제는 200개 가까이 늘어났고, 전문대 숫자도 셀 수 없을 정도로 늘어났습니다. 예전에는 어학연수만 갔다 오면 취직하는 게 어렵지 않았는데 이제 발에 차이는 게 유학생입니다. 석·박사 학위도, 전문 자격증도 마찬가지입니다. 이제 기업은 스펙만 가지고는 채용을 결정하기가 힘들어졌습니다. 이성적인 판단만 가지고서는 최적의 선택을 하기가 힘들어진 것이지요.

예전 같으면 합격하고도 남을 좋은 조건을 가진 지원자들이 너무 많다 보니 이제 무슨 기준을 가지고 그들을 판단해야 하는지 난감해졌습니다. 그러다 보니 자연스럽게 채용 과정에서 면접이 차지하는 비중이 높아졌습니다.

그래서 요즘 서류전형은 채용을 결정하는 기능이 아니라 탈락자를 추려내는 기능을 하게 된 것입니다. 어차피 스펙은 다 거기서 거기이기 때문에 면접을 봐야만 결정할 수 있는 상황이고 또 섣불리 서류전형에서 탈락시켰다가 나중에 뒷말이 나올 수도 있기에 큰 결점이나 문제점이 없는 이상 서류전형은 일단 통과시키는 기업들이 늘고 있습니다.

소비자들도 마찬가지입니다. 예전에는 내가 사려는 물건에 대해 선호하는 스펙이 명확했고 선호하는 브랜드가 있었습니다. 아이스크림은 투게더에서 좀 지난 시점에는 하겐다즈, 세재는 퐁퐁, 캔커피는 레쓰비, 전화번호는 011, 컬러 TV는 소니⋯⋯. 이런 식으로 실제 구매하는 브랜드든 향후 구매를 희망하는 브랜드든 명확한 구매 리스트와 그 이유가 소비자들의 머릿속에 있었습니다.

그러나 요즘 소비자들은 더 이상 이성적인 이유로만 상품을 구매하지 않습니다. 최근 편의점에서 캔커피를 구매했던 상황을 한번 기억해보기 바랍니다. 과연 여러분은 머릿속에 선호 브랜드가 명확히 정해져 있는 채로 냉장고의 문을 열었을까요? 일단 냉장고 문을 열고 '뭐가 좋을까?' 하고 잠시 머뭇거리지 않았나요? 스마트폰 앱으로 피자를 주문할 때 예전처럼 무조건 선호 브랜드를 골라 주문하나요? 아니면 '뭐 새롭고 맛있는 집 없을까?' 하고 여기저기 검색을 해보나요? 수년 전과 비교해서 구매 의사를 결정하는 과정이 뭔가 변했다는 느낌을 받지 않나요?

이런 변화의 배경에는 여러 이유가 있지만 가장 결정적인 것이 상품, 브랜드의 과잉 상향 평준화입니다. 비싸면 고급이고 싸면 비지떡이던 시절이 있었습니다. 메이커, 소위 브랜드는 믿을 만하고 무명 상품은 믿을 만하지 않다고 생각하던 시절이 있었습니다.

요즘엔 시장에 싸고 좋은 물건이 넘칩니다. 모든 상품이 브랜드입니다. 내가 모르는 브랜드들이 하루가 지나기 무섭게 시장에 새로 나타나고 있습니다. 더 이상 내가 이전에 알던 브랜드 정보가 전부가 아니라는 생각이 이미 여러분 마음속에 자리 잡은 지 오래입니다.

그래서 지금은 브랜드가 아닌 소위 '느낌적 느낌'으로 상품을 구매합니다. 이것을 전문 용어로 결정적 순간 'MOT Moment of Truth'라고 부르기도 합니다.

온라인이든 오프라인이든 물건과 딱 마주쳤을 때 감지되는 그 순간의 느낌, 그것이 패키지 디자인이든 상품의 타이틀이든 수식어이든, 또 상품이 놓인 매대의 위치나 디스플레이 되어 있는 모양이든, 인터넷 쇼핑의 경우 화면상으로 보이는 제품의 사진이든 또는 사용후기든 간에 이 모든 정보가 연합해서 하나의 총체적인 '느낌적 느낌'을 만들어냅니다. 이 '느낌적 느낌'이 이성적 분석과 감성을 지배합니다. 즉, 상품의 '구매심리 메커니즘'이 예전과 달라진 것이지요.

최근 면접관들의 채용 의사결정 심리를 지배하는 것 역시 바로 이 '느낌적 느낌'임을 여러분은 알아야 합니다.

워낙 좋은 조건의 스펙을 가진 지원자들이 넘쳐나는 현실에서 그중 한 명을 골라야 하는 딜레마는, 뭐가 서로 다른지 파악하기도 어려울 만큼 많은 캔커피 중에서 하나를 선택해야 하는 상황과 똑같습니다.

그러면 이 '느낌적 느낌'의 정체가 무엇일까요? 바로 선입견입니다. 편견, 색안경, 고정관념, 버릇, 습관 등 이 모든 것이 결국 같은 뜻입니다.

실제로 여러분이 최종 면접에 합격하고 시간이 좀 흐른 후 그때의 면접관에게 "왜 저를 뽑으셨나요?"라고 한번 물어보면 제 설명이 과장이 아님을 알 겁니다. 만일 그 면접관이 정말 솔직한 이라면 아마 그 대답은 여러분이 생각하는 것과는 상당히 다른 이야기일 것이고, 그 입장에서도 딱 짚어서 얘기하기가 꽤 힘들 것입니다. 왜냐하면 이 '느낌적 느낌'은 2차원적 언어로 표현하기는 힘든 성질의 것이기 때문입니다.

이 '느낌적 느낌'의 실체에 대해서는 다음 장에서 좀 더 자세히 알아보겠습니다.

CHECK POINT ——— 04

- 최근 채용 과정에서 스펙이란 탈락하지 않기 위해 필요한 것에 불과하다.
- 최종 결정은 면접에서 면접관의 '선입견'에 의해 이루어지는 경우가 많다.

최종 의사결정은 패턴이 좌우하므로 선입견을 이용하라

우리는 그때그때의 의사결정이 심사숙고하고 내린 결과라 여기지만, 실상은 그렇지 않습니다. 연구 결과에 따르면 사람들이 매일 하는 행동의 40퍼센트가 심사숙고한 결과가 아닌, 습관 때문이었다고 합니다. 어릴 적부터 주변 환경의 영향 속에서 여러 직간접적 경험을 통해 배워온 결과물들이 습관이라는 형태로 우리의 뇌 구조 안에 패턴화되어 있는 것입니다.

인간의 뇌엔 이성_{생각}과 감성을 관장하는 부분이 있고 본능을 관장하는 부분이 있는데, 이 본능을 관장하는 뇌가 가장 먼저 생긴 조직이라 '파충류의 뇌'라고도 부릅니다. 패턴은 바로 이 파충류의 뇌에 각인됩니다. 즉, 생각·감정이 동원되어 의사결정을 내리기 이전에 벌써 본능적으로 판단해버리는 것입니다. 그래서 표면적으로 볼 때는 생각하고 감성을 느껴서 어떤 의사결정을 하고 어떤 행동을 하는 것같이 보입니다. 하지만 사실 우리의 생각과 감성의 파도는 강물의 깊은 수면 아래에 있는 패턴의 영향을 받아 내려진 결과적 작용이라 할 수 있습니다.

위가 큰 사람이 밥을 더 많이 먹고, 여성 호르몬 분비가 많은 사람이 슬픈 음악을 들을 때 눈물을 더 많이 흘립니다. 이와 같은 맥락입니다. 파충류의 뇌에 각인된 패턴 모양이 다르면 같은 정보를 접해도 이성과 감성의 작용이 다르게 일어나고, 그에 따른 각기 다른 의사결정을 하게 됩니다. 패턴이 이성과 감성을 지배하는 것이지요. 사람의 뇌 구조상 패턴 작용은 이성적·감성적 프로세스보다 먼저 일어납니다.

 ast   과거에 직접 / 간접적으로

 rogramed   프로그램화된

 attern   패턴

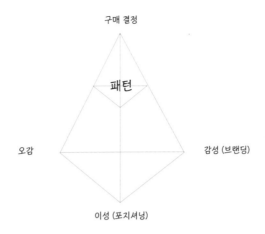

패턴은 가장 깊숙한 뇌, 즉 파충류의 뇌 부분에서 일어나기 때문에 정보가 입력되면 생각할 겨를도 없이 기존에 각인된 선입견의 작용으로 긍정 혹은 부정의 사인이 먼저 나오게 됩니다.

그 이후 더 많은 시간이 주어지면 정보를 다각도로 분석해서 이성적·감성적 판단을 내릴 수 있지만, 이미 초반에 결정 난 이미지를 뒤집기란 여간 쉬운 일이 아닙니다.

사람의 첫인상이 중요하다는 이야기도 바로 이 같은 흐름에서 비롯된 것입니다. 그만큼 패턴이 중요합니다.

'짬짜면'을 파는 중국집은 맛집일 가능성이 높을까요? 아니면 그저 그런 중국집일 가능성이 높을까요? 과반 이상의 사람들은 그저 그런 중국집일 가능성이 높다고 생각할 것입니다. 무슨 이유에서일까요? 이유는 없습니다. 그냥 우리 머릿속에 그렇게 생각되는 것이지요.

엘리베이터에서 우연히 마주친 남녀 사이에서, 여자가 남자에 대해 호감 혹은 비호감의 의사결정을 하는 데 걸리는 시간은 0.5초라고 합니다. 과연 0.5초 사이에 어떤 대단한 이성적·감성적 프로세스가 이루어질까요?

0.5초의 시간은 이미 여자 마음속에 각인된 긍정적 남자의 패턴에 새로 등장한 남자가 공급하는 정보가 맞는지 안 맞는지 스캔하는 데 필요한 시간입니다. 그것이 구두코의 뾰족한 정도인지, 넥타이의 컬러인지, 양복 어깨에 붙은 비듬인지, 눈썹의 모양인지 우리는 알지 못합니다. 하지만 중요한 것은 동시대, 특히 유사한 문화의 우산 아래 살고 있는 여자들 사이에서는 어느 정도 공통된 호감 패턴이 작용한다는 사실입니다. 마치 우리가 짬짜면을 보면 그저 그런 중국집일 것이라고 생각하듯 말입니다.

대통령 후보 TV 토론도 시청자들의 패턴이 왕성하게 작용하는 대표적인 예입니다.

토론이 열리는 그 자리에서 아무리 논리적인 말로써 상대 후보를 이겼다 하더라도 실제로 시청자의 마음을 누가 움직였느냐, 누구의 지지도가 올라갔느냐는 전혀 다른 이야기입니다.

또 여러분이 후보자의 감성적 호소에 감동해 눈물을 흘릴 만큼 깊게 공감했을지라도 실제로 선거일에 누굴 찍느냐 하는 판단은 또 다른 이야기입니다.

정책 내용을 다 떠나서 '듣다 보니 이 사람이 대통령감이다'라고 판단하게 되는 것, 바로 그 마음의 변화가 수면 아래 패턴의 작용입니다.

송강호가 주연한 〈관상〉이라는 영화가 있습니다. 극중 기생 한 명이 송강호에게 관상을 봐달라고 합니다. 얼굴을 딱 보아하니 기생으로서 출세하긴 그저 그런 관상이었나 봅니다. 송강호는 붓을 들고 기생의 입 옆에 점을 하나 찍어줍니다.

그 기생의 미래는 어떻게 바뀌었을까요? 영화를 본 사람은 알겠지만, 기생 업계에서 소위 에이스로 대박이 납니다. 점 하나 찍은 것뿐인데, 도대체 무슨 일이 일어난 걸까요?

이 입 옆의 점이 바로 남자들이 기생에 대해 가지고 있는 로망, 그러니까 열망의 사인Sign을 누르는 스위치, 즉 패턴입니다.

다시 면접 이야기로 돌아옵시다.

이제 왜 고위임원 면접이나 CEO 면접을 식당에서 하는지, 같이 골프 라운딩을 하는지 그 이유가 이해되나요? 바로 채용자의 패턴에 지원자가 긍정적으로 일치하는지 아닌지를 확인하기 위해서입니다.

일반적으로 기업 측에선 직원을 채용할 때 크게 세 부분에서 이성적 판단을 합니다.

첫째, 업무 능력입니다. 해당 업무기술과 맞는 사람인지를 체크합니다.

둘째, 사람 자체에 대한 부분입니다. 신체는 건강한지, 인성은 좋은지, 머리는 좋은지 등등을 봅니다.

셋째, 당사의 기업문화나 조직문화에 맞는 사람인지를 체크합니다.

면접관은 지원자들을 각각 이 세 부분에서 이성적으로 판단하려 노력합니다. 하지만 지원자들 모두가 이 조건을 다 충족시키는 상황이라면 상당히 곤란해집니다. 그래서 결국 이성적이거나 객관적인 판단이 아닌 뭔가 끌리는 느낌, 즉 패턴에 의지하게 됩니다.

이 원리는 입체적인 피라미드 모양으로 표현될 수 있습니다. 기업은 인사 채용 기준, 즉 업무 능력·사람·기업문화 적합도로 지원자를 판단합니다. 하지만 결국 이 모든 판단을 지배하는 것은 채용자의 선입견, 즉 패턴입니다.

앞서 설명한 대로 패턴은 다른 말로 선입견, 편견, 고정관념, 색안경입니다. 사실은 좀 더 건강한 사회를 위해 배척해야 할 성격의 것입니다.

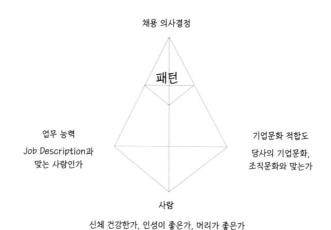

채용 의사결정

패턴

업무 능력
Job Description과
맞는 사람인가

기업문화 적합도
당사의 기업문화,
조직문화와 맞는가

사람
신체 건강한가, 인성이 좋은가, 머리가 좋은가

하지만 여러분은 지금 사회를 건강하게 만드는 게 목적인지, 원하는 회사에 입사하는 것이 목적인지를 분명히 해야 합니다. 자유경제 사회에서 회사는 개인의 이윤을 추구하기 위해 만든 조직일 뿐입니다. 학교나 교회가 아닙니다. 중도 절이 싫으면 떠나야 합니다.

여러분 역시 회사에 돈을 벌려고 입사하는 것이지, 회사를 좀 더 좋은 조직으로 발전시키기 위해 입사하는 것이 아닙니다. 선입견이 정말 채용 과정에 중요하게 작용한다면 그것을 비난할 게 아니라 오히려 이용해야 합니다. 적어도 면접 순간엔 그래야 합니다. 면접 자리에서는 채용자의 마음에 드는 것이 정답입니다. 너무 억울해서 지나가는 사람을 붙잡고 인터넷에 글을 올리고 하소연을 해보았자 일말의 동정은 얻을 수 있겠지만 원하는 직장은 얻을 수 없습니다.

지원 회사의 면접관이 어떤 선입견을 가지고 있는지, 어떤 색안경을 끼고 있는지 최대한 예측하고 눈치 있게 알아내야 합니다. 그다음 거기에 걸맞은 서류를 작성하고 면접 때도 그에 의거하여 행동해야 합니다. 그게 여러분이 이기는 길입니다.

CHECK POINT ―― 05

- 면접은 선입견의 싸움이다.
- 선입견은 피하지 말고 역으로 유리하게 이용해야 한다.

2

선입견의 작용, 뽑히는 '패턴'이란?

두 눈에 하트 가득!
다른 어떤 곳도 아닌, 바로
우리 회사와 사랑에 빠진 사람

지금까지 여러분은 최근 기업들의 채용 프로세스에 대한 원리를
배웠습니다.

기업이 많은 지원자 중에서 최종 합격자를 결정하는 원리가 마치
소비자가 수많은 상품 중 한 개를 선택해서 구매하는 원리와 같고
그래서 기업들이 고민하고 있는 마케팅적 고민들, 즉 포지셔닝 · 브
랜딩 · 패턴^{행동경제학} 들을 재료로 지원자인 여러분도 본인을 상품이
라고 여기면서 입사전략을 수립해야 한다고 했습니다.

하지만 아직도 싸고 좋은 상품은 여전히 시장에서 불티나게 팔리
고 있습니다. 아무리 새로운 마케팅 기법들이 등장하고 그것들이 시

대의 유행을 탈지라도 장사의 본질은 흔들리지 않듯 채용 시장에서도 객관적으로 매력적인 구직자들은 여전히 잘 팔릴 수밖에 없습니다.

이처럼 마케팅 기법이나 유행을 초월해서 모든 기업에게 매력적으로 보이는 구직자는 어떤 사람일까요? 그는 과연 어떤 '패턴'을 가지고 있을까요?

산더미같이 쌓인 이력서들 중 가장 먼저 읽고 싶은 것은 바로 우리 회사와 사랑에 빠진 사람의 이력서입니다. 이런 사람의 이력서는 몇 줄만 읽어봐도 금방 알아차릴 수 있습니다. 면접을 봐도 두 눈에 하트가 가득 담겨 있습니다.

이런 지원자는 솔직히 쉽게 떨어뜨리기가 힘듭니다. 뭔가 부족한 점을 발견하더라도 채용자의 마음속엔 '어떻게든 긍정적으로 생각해보자'라는 동요가 일어납니다. 그만큼 간단하면서도 강력한 기술입니다.

그런데 그 수많은 지원자 중 왜 이런 사람 찾기가, 이런 티를 내는 사람을 찾기가 그토록 어려운 걸까요?

채용 의사결정에서 그 무엇보다도 효과적으로 작용할 수 있는 이 간단한 원리를 왜 놓치고 있는 걸까요?

사랑에 빠져 있고 그래서 너무너무 일하고 싶은 회사에 지원을 하지 않아서일까요?

아니면 그렇게 일하고 싶을 정도로 사랑에 빠진 회사가 없는 것일

애정 표현의 한계선을 넘어서는 것이 아닌 경우라면
우리 회사와 사랑에 푹 빠져 있는 지원자를
거절하기란 정말 힘든 일입니다.

까요?

아니면 혹시 '내가 정말 미치도록 사랑에 빠져서 일해보고 싶은 회사는 어디인가?'라는 고민을 아예 안 해본 것일까요?

그저 환경이나 조건이 좋아 보이는 회사, 이름이 잘 알려져서 그 회사 들어갔다고 하면 주변에서 부러워할 것 같은 기업 리스트만 만들어놓고 그중 아무 곳이나 합격하면 다니겠다는 마음으로 여기저기 지원하고 있지는 않나요?

이런 마음을 가진 지원자들의 입사지원서들을 읽어보면 그런 막연한 자세가 내용에, 문장에 고스란히 드러납니다. 왜 꼭 우리 회사여야만 하는지에 대한 내용은 거의 없고 있어도 진심이 느껴지지 않습니다. 채용자가 찾는 것은 두 눈에 가득한 하트와 열정인데, 바람둥이처럼 어느 회사에 가서나 공통적으로 할 것 같은 좋은 말만 담은 이력서들을 보면 오히려 불쾌한 마음이 듭니다.

낯선 여자에게 처음 말을 거는 남자의 멘트를 빗대어봅시다. 나를 주의 깊게 오랫동안 관찰해야만 할 수 있는 내용의 이야기가 아니라 아무 여자에게라도 던질 법한, 그것도 사전에 준비된 느낌이 물씬 풍기는 뻔한 멘트라면 듣는 여자의 기분은 어떨까요?

기업의 입장도 마찬가지입니다.

조금 심하게 표현하자면 저는 이것이 여러분의 게으름에서 기인하지 않나 생각해봅니다.

여러분은 본인이 정말 하고 싶은 일이 뭔지, 정말 일하고 싶은 직장은 어디인지에 대해 심각하게 고민하기를 귀찮아하지 않았나요? 가고 싶은 직장이 있는데도 그 직장에 대해 좀 더 깊이 있게 알아보고 조사하고 분석하는 과정을 귀찮게 여기지 않았나요? 한번 깊이 돌아보기 바랍니다.

만일 아무리 가슴에 손을 얹고 생각해봐도 내 눈에 하트가 가득 찰 만큼 사랑할 만한 직장이 없다면 어떻게 할까요?

하트가 안 생기면 있는 척이라도 해야 합니다. 없는 정이라도 찾고 긁어모아서 두 눈에 하트를 갖다 붙여야 합니다.

먼저 자기 자신을 잘 살펴본 후에 입사하고 싶은 직장들 리스트업을 합니다. 그리고 카사노바처럼 그 직장들마다 마음을 줘야 합니다. 아니, 마음을 주려고 노력해야 합니다. 취업은 사랑하는 상대방에게 진짜로 몸과 영혼을 맡기는 결혼관계가 아니라 서로의 이해관계상에서만 유효한 임시결혼, 계약결혼입니다. 물론 정말 사랑하는 마음이 생기면 더할 나위 없겠지만, 그렇지 않은 경우라도 결혼 승낙을 얻어내기 위해선 사랑에 빠진 연기를 해야 합니다.

일단 취업하고 싶은 회사가 명확하게 생기면 내가 이 회사와 정말 사랑에 빠졌다는 자기최면의 과정이 필요합니다. 이를 위해 그 회사를 관찰하고 조사해야 합니다. 사랑에 빠지기 위해서는 사랑할 거리를 찾아내야 하니까요.

지원하는 회사가 열 곳이면 열 곳 모두 각각 이런 기술로 사랑에 빠져야 합니다.

그래서 두 눈에 가득한 하트가 이력서에도, 자기소개서에도, 특히 면접 자리에서도, 면접관을 바라보는 여러분의 눈빛 속에서도, 말투에서도 한껏 드러나야 합니다.

나보고 예쁘다는 말에 그것이 거짓말인 줄 알면서도 속는 게 여자의 심리입니다.

"대표님은 정말 매력이 넘치세요" 하는 식의 뻔한 아부성 멘트 역시 머리로는 진심이 아님을 알면서도 그 말이 주는 메아리는 오래 남습니다.

이것이 바로 유사한 조건을 가진 여러 경쟁자 중에서 여러분을 가장 먼저 호감 가게 만들어줄 강력한 무기입니다.

입사지원서 양식 중 '지원 동기란'은 회사에 대한 여러분의 하트를 표현하기 가장 좋은 공간입니다. 그곳에 '그냥 저는 당신이 다 좋아요'와 같은 톤 앤드 매너Tone & Manner가 아닌, '나는 왜 당신 회사와 사랑에 빠지게 되었는지' 구체적이고도 부끄러울 만큼 사랑 고백을 해야 합니다.

처음 만나는 여자에게 다가가서 "정말 예쁘시네요"라고 말하는 것과 "정말 눈썹이 예쁘시네요"라고 말하는 것은 듣는 입장에서 완전히 느낌이 다르지요.

회사에 대한 칭찬 내용이 현실성 없는 엉뚱한 것일지라도 큰 문제가 되지 않습니다. 그 정도는 애교로 넘어갑니다. 중요한 건 지원자가 그만큼 우리 회사를 조목조목 자세히 관찰하고 공부했다는 정성이 전달되는 것입니다. 스토커처럼 애정 표현의 한계선을 넘어서는 경우만 아니라면 우리 회사와 사랑에 푹 빠져 있는 지원자를 거절하기란 정말 힘든 일입니다.

만일 피치 못할 사정으로 이번 기회에 채용이 어렵더라도 그런 지원자들은 향후 자리가 생길 때 다시 콜업될 가능성이 상당히 높습니다.

CHECK POINT ──── 01

- 사랑에 빠질 정도로 일하고 싶은 회사가 있는지 생각하라.
- 왜 지원 회사를 사랑하는지 구체적으로 표현하라.
- 채용자가 자기 회사와 진심으로 사랑에 빠진 구직자를 탈락시키기란 상당히 어렵다.

혹시 이 사람이 꿈에 본 정도령?

회사를 어느 정도 운영해본 오너들은, 사업은 결국 사람에 달렸음을 압니다. 아무리 거대한 시스템으로 움직이는 사업일지라도 그 시스템은 사람에 의해 운영되는 것이고, 많은 사람 중에서도 결국 몇몇 핵심 인재에 따라 사업 성패가 좌우된다는 사실을 알고 있습니다.

물론 좋은 전략이나 마케팅 덕분에 회사가 성장하기도 하지만 사람 하나 잘 뽑아서 평범했던 회사가 갑자기 성공하는 경우도 많습니다. 그래서 기업 오너들은 채용 때마다 '이번엔 혹시 누군가 우리 회사를 급성장시켜줄 인재가 입사하지 않을까' 하는 꿈을 꿉니다. 그것이 그리 쉽게 오는 행운이 아님을 알면서도 혹시나 하는 마음으로 기대합니다. 여러분은 이 기대심리를 잘 이용해야 합니다.

오너들의 눈에는 직원들이 둘로 나뉘어 보입니다. 하나는 부속 역할을 하는 직원이고, 또 하나는 파트너 역할을 하는 직원입니다.

기업 입장에서는 이 두 부류의 직원 모두가 꼭 필요합니다. 어디선가 불평 없이 자기 맡은 일을 묵묵히 해내는 부속 같은 직원은 한시라도 자리에 없으면 회사의 톱니바퀴가 바로 멈추어버리기 때문에 기업 운영상 반드시 필요한 존재입니다. 하지만 오너들은 그런 직원은 언제라도 다른 사람으로 대체 가능하다는 생각을 가지고 있습니다. 사실은 그렇지 않은데도 말이지요.

오너들이 더 마음을 주는 직원은 두 번째 타입, 즉 파트너 같은 직원입니다. 파트너 같은 직원이 부속품 역할을 하는 직원과 가장 근본적으로 다른 점은 '알파 차원'이 발달해 있다는 점입니다.

이들은 주어진 매뉴얼에 따라 일하는 능력보다 본인 스스로가 뭔가 아이디어를 만들어내는 능력이 발달해 있습니다. 주어진 자료를 분석하고 질서를 찾아내는 일보다 제로베이스에서 가설을 만들어내는 일을 더 잘합니다.

'알파 차원'이란 1, 2, 3차원으로 표현하기 어려운 소비자들의 구매심리를 읽는 능력입니다. 앞장에서 설명한 '느낌적 느낌', 즉 소비자의 긍정적·부정적 패턴을 감지하는 능력을 말합니다. 아이디어는 바로 이 알파 차원이 발달한 사람만이 낼 수 있습니다. 오너라면 누구나 예측 가능한 뻔한 답변보다는 알파 차원적인 인사이트가 담긴 대답을 듣고 싶어 합니다. 그래야 비로소 의견을 물어볼 가치가 생기는 것이지요. 그 때문에 이런 직원은 오너의 머릿속에서 본인도 모르게 상하관계보다는 파트너, 어드바이저 같은 관계로서 자리 잡게 됩니다.

부속품 같은 직원과 파트너 같은 직원은 직급이나 직책과는 무관합니다. 부속 역할을 하는 전무가 있는 한편 파트너 역할을 하는 신입 사원이 있습니다. 요즘엔 시장이 워낙 빠르게 진화하기 때문에 소비자들의 급변하는 구매심리를 나이 들어 타성에 젖은 경영진들이 미처 따라갈 수 없습니다. 그 때문에 파트너, 어드바이저의 역할을 싱싱한 신입 사원들에게 의지하는 경우가 많습니다.

불과 몇 년 전까지만 해도 시장은 STP Segmentation, Targeting, Positioning 경영전략이나 브랜딩 같은 마케팅 도구들로 분석하고 예측하는 것이 가능했습니다. 그때만 해도 회사 성장을 이끄는 인재는 이런 기법들에 정통한 소위 전략 및 마케팅 전문 인력들이었습니다. 하지만 예측 불가한 패턴 시대로 돌변한 지금의 시장 상황에서 오너들이 가장 뽑고 싶어 하는 인재란 소비자들의 패턴을 읽고 있는, 눈치 빠르고 감 좋은 직원들입니다.

대외적으로는 각자 기업들이 요구하는 엄격한 입사 조건과 기준들이 있지만, 사실 대부분의 오너는 '그런 거 다 필요 없고 어디서 느낌적 느낌이 팍팍 돌아가는 감 좋은 직원이 입사하면 좋겠다' 하는

가고 싶은 직장이 있다면
그 직장에 대해 좀 더 깊이 있게 알아보고
조사하고 분석하세요.

간절한 마음을 가지고 있는 것이 사실입니다. 마치 정감록에 나오는 정도령 같은 직원이 우리 회사에 강림해서 기존 직원들이 풀지 못했던 문제들과 모순들을 척척 풀어주지 않을까, 그런 기적이 우리 회사에도 일어나지 않을까 하는 희망을 가지고 이력서들을 뒤적거립니다. 요즘 다들 기업 상황이 워낙 힘들어서 그렇습니다.

이런 다급한 마음으로 가득 찬 오너들에게 어떻게 해야 '혹시 이 사람이 내가 찾던 정도령?'이라는 생각이 들게 할 수 있을까요?

점집에 가면 점쟁이들이 먼저 뭐라고 하는지를 한번 생각해보십시오.

"자식 때문에 골치 아프지?"

"남편이 문제네!"

"직장 상사와 트러블이 있구만!"

누구에게나 적용되는 뻔한 얘기라는 의심이 들면서도 절로 '혹시 이 사람 용한가?' 하는 생각이 아지랑이처럼 피어오릅니다. 여러분의 마음 상태가 간절하면 간절할수록 더 그렇습니다.

만에 하나 점쟁이가 넘겨짚은 오프닝 멘트 중 하나라도 적중한다면 여러분이 가지고 있던 의심의 방어막은 무너지고 대신 믿음은 증폭됩니다.

점쟁이는 어떤 방법으로 예측할까요? 정보가 있어야지요. 뻔한 이야기겠지만 정보는 관찰을 통해 얻을 수 있습니다. 타고 온 차, 옷차림, 말투, 눈빛 등 손님에 관한 모든 것이 정보입니다.

이 정보들을 통해 '아, 이 사람은 이런 유형이겠구나'라고 본인의 축적된 경험을 통해 통계적으로 상대를 범주화하고 거기에 맞는 내용으로 예측하는 것입니다.

물론 이런 예측은 통계에 기반한 것이기 때문에 틀릴 수도 있습니다. 하지만 틀리면 어떻습니까? 돌팔이 점쟁이라는 것이 들통 나도 어차피 자기 발로 찾아온 사람인데요. 기분 나쁘더라도 기본 복비는 주고 갈 것이고 만에 하나라도 운 좋게 예측이 적중하면 그 손님 하나로 하루 매상을 다 뽑을 수 있을 텐데요.

입사 지원자인 여러분도 마찬가지입니다. 오히려 면접은 짧은 시간 안에 손님을 눈치껏 파악해야 하고 게다가 그 대가로 돈까지 요구하는 점쟁이의 상황보다 훨씬 더 쉬운 게임입니다.

점쟁이의 경쟁력이 관찰력에 기인하듯 여러분도 지원한 바로 그 회사를 관찰해야 합니다. 점쟁이보다 훨씬 더 오랜 기간 동안 여러 경로를 통하여 관찰 대상의 정보를 편하게 입수할 수 있지요. 이것은 성의가 있고 없고의 문제입니다.

조금만 인터넷을 뒤져보아도 그 회사의 문제점이나 경쟁관계, 또는 계획만 세우고 현실화하지 못하고 있는 중점 추진 과제들을 어느 정도 알아낼 수 있습니다.

이 과정을 거치고 나면 여러분은 이제 웬만한 점쟁이들보다 훨씬 더 적중률 높은 예측을 할 수 있는 경지에 오른 것입니다. 이제 여러분이 해야 할 다음 일은 입사지원서와 면접 자리에서 본인이 회사에 입사하면 그 문제들을 풀어낼 수 있다고 어필하는 것입니다. 이게 바로 여러분을 정도령으로 보이게 만드는 길입니다.

모든 문제는 속성상 그것을 해결하기 위해 1에서부터 10단계까지의 과정을 전부 거쳐야만 합니다. 하지만 알고 보면 5에서 10단계가 어려운 것이지, 1에서 5까지는 누구나 생각해볼 만한 뻔한 내용의 것들입니다.

여러분은 회사의 문제점을 어떻게 풀 수 있느냐에 대한 대답으로 1에서 5까지, 아니 1만 얘기해주는 정도로도 채용 과정상에서는 충분히 자신을 경쟁력 있게 포장할 수 있습니다.

최악의 경우 여러분이 언급한 회사의 고민거리가 실제와 다르고 여러분이 제시한 해결책이 전혀 현실성 없는 내용일지라도 이미 여러분은 다른 지원자들보다 훨씬 더 매력적인 모습으로 면접관들에게 각인됩니다.

아무 생각 없어 보이는, 여기저기 카피COPY 하고 페이스트PASTE 한 뻔한 자기소개서들과 비교하면 급 자체가 다르게 여겨지지요.

만일 기업조사를 하고 그들의 고민거리를 예측한 뒤 해결책을 제시하는 과정이 너무 어렵다 생각된다면 픽업아티스트들이 즐겨 쓰는 '마인드-리딩Mind-Reading' 전략을 참조하면 도움될 것입니다.

픽업아티스트들이 낯선 여자와 첫 만남을 가질 때 상대 여자의 경계심을 허무는 전략이 바로 '마인드-리딩'입니다.

여자는 남자가 본인만이 안고 있는 고민거리를 귀신처럼 읽어낼 때 그 남자와의 만남을 운명으로 여기게 된다고 합니다.

픽업아티스들이 '마인드-리딩'을 할 때 가장 자주 사용하는 멘트가 있습니다. 바로 "너 사실은 속마음은 곰처럼 여린데, 사람들은 네가 까칠하다고 생각해서 속상하지?"입니다.

상당히 구체적인 것 같으면서도 또 한편으로는 모든 여자라면 공감할 것 같은 고민이지요. 여러분이 채용 과정에서 회사에 점쟁이처럼 던지는 말도 마찬가지입니다.

CHECK POINT ——— 02

- 당신의 포지셔닝은 부속품인가, 파트너인가?
- 파트너로 포지셔닝하기 위해 회사가 가려워하는 부분을 언급하고 긁어줘라.

이 사람은 내가 모르는
정보에 접근할 수 있다

앞에서 파트너 같은 직원을 찾는 오너들의 절박한 마음에 대해 설명했습니다. 파트너의 역할을 채워주는 직원들의 특징은 요즘 소비자들의 알파 차원인 느낌적 느낌, 즉 소비심리 저변에서 그들의 이성과 감성을 지배하는 긍정·부정의 패턴을 알고 있다는 것입니다. 1990년대 중반에 방영한 미국 MTV의 애니메이션 〈비비스 앤 벗헤드〉에서 백수건달 같은 두 주인공이 뮤직비디오를 봅니다. 우리가 볼 땐 다 거기서 거기 같은 뮤직비디오들인데, 그들은 어떤 뮤직비디오에는 "COOL!" 하며 환호하고 어떤 뮤직비디오에는 "SUCKS!" 하며 욕을 퍼붓습니다. 그들의 모습은 마치 무엇이 요즘 소비자들에게 'COOL'이고 무엇이 'SUCKS'인지를 알아차리는 '감' 있는 직원을 연상케 합니다.

이런 '감'은 어디서 나오는 걸까요? 바로 요즘 소비자들에 대한 정보에서 나옵니다. 요즘 소비자들이 주로 가는 카페, 식당, 그들이 주로 듣는 음악과 좋아하는 연예인들……. 또 반대로 그들이 싫어하는 연예인, 싫어하는 브랜드들……. 이런 세세한 정보들이 하나하나 쌓여서 '감'을 만드는 것입니다.

기성세대들이 쉽게 접근하지 못하는 정보, 바로 이것이 이들의 무기입니다.

모두가 다 아는 이야기이지만 현대사회에서는 정보가 모든 힘의 원천, 즉 권력입니다. 누가 정보를 더 많이 가졌느냐가 전쟁에서 승패를 좌우합니다.

과거에는 소수 권력층이 정보를 독점했기 때문에 본인들만의 위치를 지킬 수 있었습니다.

비즈니스의 세계 역시 마찬가지입니다. 예전에는 어디서 무엇을 어떻게 만드는지에 대한 정보를 독점한 회사가 독과점의 위치를 유지할 수 있었습니다. 하지만 지금은 상황이 바뀌었지요.

인터넷이 대중화되고 정보가 공유되면서 경제적으로도 무한경쟁이 시작되었고 정치적으로도 민주화가 가속화되었습니다. 더 이상 누굴 속이기도 어려워졌고 나만 할 수 있는 일도 없어지고 있습니다. 예전에는 해외 브랜드와 계약을 맺어 국내 유통 시장을 독점하

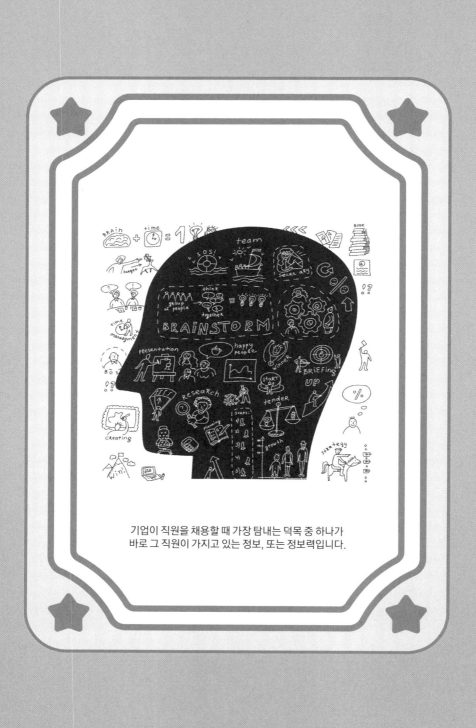

기업이 직원을 채용할 때 가장 탐내는 덕목 중 하나가
바로 그 직원이 가지고 있는 정보, 또는 정보력입니다.

던 업체들이 득세했지만 요즘은 일반인들도 어디서 어떻게 물건을 수입해 오는지 그 정보를 알기에 병행수입을 합니다. 더 이상 예전의 방식으로는 시장에서 버티기가 어려워졌지요.

해외 여행이 자유롭지 못했던 시절에는 일본이나 유럽 등지에 가서 멋있는 매장을 사진 찍어 와서 국내에 비슷하게 만들어놓으면 시장에서 큰 인기를 끌기도 했습니다. 하지만 요즘처럼 누구나 해외 여행을 가는 시대에는 그런 매장들이 소비자들에게 더 이상 큰 감흥을 주지 못합니다.

협상의 방식도 예전에는 갑을관계의 위치에서 비롯되거나 인간적 부탁이나 정성으로 좌우되었지만 지금은 누가 얼마나 정보를 더 많이 가졌느냐에 따라 협상의 결과가 바뀝니다. 가장 쉬운 예로 기업에서 물건을 구매할 때 가격을 깎는 협상법도 예전처럼 사정하고 '밀당'하는 방식이 아닌, 다른 곳에서 비슷한 물건을 얼마에 팔고 있다는 정보 하나로 간단히 결론 납니다.

쇼핑몰 MD의 경우에도 입점 업체에게 무작정 가격을 싸게 팔라고 사정하는 것이 아니라, 당신이 팔고 있는 물건을 어디 어디에서 사 오면 지금보다 더 싸게 살 수 있다는 정보가 있으니 그만큼 소비자가격을 더 낮추라는 식으로 역제안을 합니다.

내가 정보를 얼마나 더 많이 가졌느냐가 내가 얼마만큼 더 힘을 가지고 협상할 수 있는지를 좌우하는 세상인 것이지요. 그래서 현대 기업 환경에서 가장 중요한 변수가 바로 정보력입니다.

그렇기 때문에 기업이 직원을 채용할 때 가장 탐내는 덕목 중 하나가 바로 그 직원이 가지고 있는 정보, 또는 정보력입니다.

경력 직원을 뽑는 경우, 구체적 실무와 관련된 정보가 주된 관심사입니다. 이전 직장에서 얻은 정보와 노하우를 알고 싶은 것이지요.

그렇다면 신입 사원이나 대리급 이하 직급의 젊은 직원을 뽑을 때 기대하는 정보는 과연 어떤 성질의 것일까요? 바로 요즘 젊은 소비자들에 대한 정보입니다.

기업의 오너를 비롯한 채용을 최종 결정하는 위치에 있는 사람들이 가장 스스로 열등하게 느끼고 실제로도 취약한 부분이 바로 요즘 젊은 소비자들에 대한 정보입니다. 소비자조사나 FGI를 통해 얻을 수 있는 가공된 정보가 아닌, 실제로 젊은 소비자들이 우리 제품을 어떻게 생각하는지, 이를테면 어떤 제품과 비교대상이 되고 왜 좋아하고 왜 싫어하는지 등에 대한 살아 있는 정보를 원하죠. 〈비비스 앤 벗헤드〉처럼 무엇이 'COOL'이고 무엇이 'SUCKS'인지에 대한 정보입니다.

그래서 젊은 입사 지원자들에게 '혹시 이런 살아 있는 정보에 대해 빠삭하지 않을까', '그런 감을 가지지 않았을까' 하는 기대를 합니다. 면접을 볼 때도 이 부분에 상당한 관심을 기울이지요. 하지만 막상 지원자들을 만나서 이런저런 이야기를 나눠보면 왠지 그런 느낌을 잘 받지 못하는 경우가 많습니다. 왜 그럴까요? 이유는 간단합니다.

대부분의 지원자가 그것에 대해 시간을 들여 깊이 있게 생각하지 않았고, 당연히 구체적으로 설명할 '사전 준비' 또한 안 했기 때문입니다.

사실, 젊은 여러분은 또래 소비자들의 정보를 실제로 많이 알고 있을 것입니다. 문제는 채용 시 그게 그 정도로 중요한 문제임을 미처 알지 못했다는 것이지요.

우선 여러분이 남들보다 그런 정보에 밝다는 티가 여기저기에서 많이 드러나야 합니다. 이력서든 자기소개서든 면접 때든 어느 지점에서인가는 그것이 어필되어야 합니다. 그리고 젊은 소비자들에 대해서 기업들이 알고 싶어 하는 정보를 이야기하되, 가급적 그들의 예상을 깨는 의외성 있는 이야기들을 많이 준비해야 합니다. 그래야 면접관들을 흥분시킬 수 있습니다. 예측 가능한 대답만 오가는 대화는 곧 지겨워집니다. 설사 그 정보가 틀렸더라도, 또 일부의 의견일지라도 그것은 중요하지 않습니다. 면접은 정답을 찾는 경영전략 회의 자리가 아니라 여러분이 어떤 사람인지를, 그 가능성을 엿보는 자리입니다. 자신이 어떤 성향을 가졌는지를 어필하는 자리인 것입니다.

그래서 부담 없이 마음껏 이야기해야 합니다. 마치 "요즘 젊은 사람들이 이렇게 생각하는 줄은 미처 모르셨지요?"라는 태도로 젊은 소비자들에 대한 이야기를 자신감 있게 줄줄 늘어놓으면 면접관들은 '와, 이 사람은 우리가 모르고 있고, 접근하기 어려운 정보들을 쉽게 얻게 해주겠다'라고 생각하게 되지요. 결국 그 정보들에 대해 더 많이 알고 싶고, 또 사업에 빨리 이용해보고 싶은 조급한 마음이 들게 마련입니다.

CHECK POINT ——— 03

• 기업이 모르고 있을 것 같은 정보를 많이 알고 있는 티를 내라.
• 특히 요즘 젊은 소비자들에 관한 정보에 빠삭한 티를 내라.

Fatal Job Skill,
일을 "더 잘한다"가 아니라 "다르게 한다"라고 말하라

지원하는 부서와 관련하여 본인만의 치명적 스킬이 있다면 채용 의사결정은 아주 쉽게 끝나버립니다. 그러면 나머지 질문, 서류 들은 공정성 있는 채용을 위한 형식적 절차들에 불과하게 됩니다.

여기서 치명적 스킬이란 선천적 혹은 후천적으로 개발된 본인의 신체 조건이나 기능 또는 특별한 기회를 통해 배우고 연마한 기술, 노하우, 남과 다르게 일하고 생각하는 방식 등을 말합니다. 이런 치명적 스킬 중 여러분에게 해당되는 내용이 하나라도 있다면 여러분은 그것의 어필을 채용 과정에서 최우선 순위로 두어야 합니다.

아무리 생각해봐도 본인에겐 이런 특별한 스킬이 없다고 생각된다면 스킬을 찾아내고 만들어내야 합니다. 영어 회화나 전문 자격증처럼 객관적으로 그 수준을 입증할 수 있는 스킬이 아니더라도 해당 지원 분야의 업무를 수행하는 데에서 도움된다고 생각하는 스킬이면 됩니다.

업무에 도움이 되는 치명적 스킬이란 예컨대 화장품 회사에 지원하는 사람의 경우, 이렇게 말하는 것입니다.

"저는 후각이 엄청나게 발달해 있습니다!"

아무도 못 맡는 냄새를 맡는다고 한다든지, 이 냄새와 저 냄새를 구별해내는 능력이 있다든지, 냄새를 맡으면 그 안에 어떤 종류의 여러 냄새가 섞여 있는 걸 찾아낸다든지, 아무튼 남들과 비교해서 월등한 후각 능력이 있음을 강조하는 것입니다.

정말 그런 수준의 능력이 있다면 가장 좋고, 또 남보단 후각이 뛰어난 건 사실이지만 그 정도로 탁월한 후각은 아니다 해도 괜찮습니다. 후각 능력에 대한 특별한 자격증이 없는 한 회사 측에서 마땅하게 그 스킬을 검증할 길이 없으니까요. 만일 면접관이 이 자리에서 어떤 향수를 주면 정말 무슨 냄새인지 맞출 수 있냐고 묻는다면 이런 식으로 대답하면 됩니다.

"네, 하루만 시간을 주시면 맞출 수 있습니다."

그러면 정말 하루 후에 답을 달라고 할 리도 없고 혹시 그런다 하더라도 꼭 정답을 말해야 할 필요도 없습니다. 그 향수에 들어간 것에 대한 여러분의 대답이 정답이냐 오답이냐가 중요한 게 아니라 여러분이 다른 지원자들보다 후각에 관해선 자신 있다는 사실이 면접관들에게 전달되었다는 게 중요할 뿐이지요.

만일 후각처럼 노골적인 스킬이 조금 부담된다면 좀 더 검증하기 애매한 분야의 스킬을 시도해도 됩니다. 예를 들면 '기억력이 뛰어나다. 한 번 본 사람은 잊어버리지 않는다', '기억력이 남달라서 한 번 들은 멜로디를 잘 기억한다' 등은 어떨까요? 이는 지원 업무 분야에 따라 얼마든지 각기 다르게 써먹을 수 있는 스킬입니다.

특히 본인의 타고난 신체적 내용과 관련된 내용은 여러분의 주장에 더 큰 신뢰를 심어줍니다. 예컨대 "제 눈을 한번 보세요, 눈매가 날카롭지요? 그래서 저는 남들보다 틀린 숫자를 귀신같이 잡아냅니다"라고 말합니다. 아무런 논리적 근거가 없는 황당한 주장이지만 희한하게도 그럴싸하게 들리게 마련입니다. 여러분 각자의 다양한 구직 상황에 맞게 이런 단순한 원리들을 잘 이용해보기 바랍니다.

영업이나 구매 부서에서 필요로 하는 치명적이면서 매력적인 업무 스킬은 무엇일까요? 당연히 '협상력'입니다. 그런데 "저는 협상을 진짜로 잘합니다"라고만 얘기하면 별다른 신빙성을 주지 못합니다. 그렇다고 협상을 잘하는 것을 객관적으로 증명해 보일 수도 없는 노릇이고요. 이럴 때 "저는 협상을 이런 식으로 남들과 다르게 합니다"라며 여러분의 방법론, 즉 스킬을 이야기해주면 그 주장에 믿음을 실을 수 있습니다. 앞에서 설명한 '정보'에 관한 이야기도 좋은 예입니다.

"저는 협상을 할 때 상대방의 감정에 먼저 호소하지 않고 상대가 가진 것보다 더 많은 정보를 사전에 입수해서 상대방을 꼼짝 못하게 만듭니다. 제가 협상 카드로 제안하는 안이 그가 기존에 주장하는 안보다 상대적으로 훨씬 더 이익을 볼 수 있게 만들면 제가 제안하는 안에 따라올 수밖에 없습니다. 이것이 다른 사람들과 차별화된 저만의 협상 스킬입니다!"

이렇게 말한다면 여러분을 단순히 '협상을 잘하려고 노력하는 사람'이 아닌, 협상의 원리를 알고 있기 때문에 '협상을 잘할 수밖에 없는 사람'이라고 믿게 되겠지요.

전략이나 기획 부서에 지원한 경우, 여러분을 어필할 수 있는 치명적 스킬은 바로 기획서를 잘 쓰는 능력일 테고요. 이와 관련된 이야기는 저의 앞선 저서 《패턴》에 잘 나와 있습니다.

'오늘날 소비자들의 소비 행태는 이성적·감성적으로만 분석할 수 있는 것이라 아니라 그들이 선천적·후천적으로 경험한 정보들이 패턴화되어 잠재의식 속에 저장되는데 이것을 건드리지 않으면 제대로 된 소비 예측을 할 수 없다.'

그래서 기획서를 과거처럼 이성적 근거에만 의지해 소위 'WHY'식으로만 쓰는 것은 더 이상 의미가 없고 소비자의 패턴까지 감안한 총체적인 가설적 접근, 즉 '이러면 어떨까?' 하는 'WHAT IF'식으로 써야 한다는 것이지요.

이런 방식을 현대 경영학에서는 '행동심리학'이라고 부릅니다. 요

"저는 후각이 엄청나게 발달해 있습니다!"

즘 기업들은 대부분 이 행동심리학에 상당히 관심이 많고 본인들의 일하는 방식에 어떻게 이를 접목시킬지 많이 고민하고 있습니다. 따라서 새로운 입사 지원자가 이런 방식으로 기획서를 쓰는 스킬을 가지고 있다고 하면 상당히 매력적으로 인지되겠지요.

혹자는 "확실하지도 않은 스킬을 어떻게 대놓고 자랑처럼 이야기하냐?"라고 합니다. "기억력 좋다'라는 검증하기도 어려운 이야기를 어떻게 뻔뻔하게 하느냐?"라고 합니다. 하지만 중요한 점은 여러분이 입사를 위해 다른 사람들과 경쟁하는 입장이라면 아무 말 안 하는 것보단 최대한 자신의 스킬을 말하는 편이 훨씬 유리하다는 것이지요.

치명적 스킬은 회사마다 또한 지원하는 업무 부서마다 다릅니다. 입사 지원 전 시점에서 어느 회사에 어떤 스킬을 강조할 것인지 미리 생각해야 합니다. 그리고 그 스킬을 더 믿음이 가도록 이야깃거리들을 준비하기 바랍니다.

CHECK POINT ────── 04

- 검증하기 곤란한 나만의 치명적인 스킬을 말하라.
- 일을 "잘한다"라고 말하지 말고, "다르게 한다"라고 말하라.

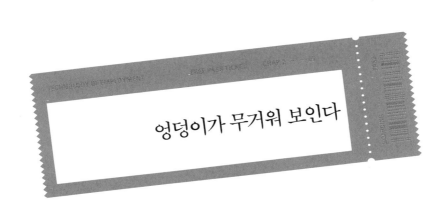

엉덩이가 무거워 보인다

결혼을 전제로 한 만남에서 여자들이 가장 경계하는 상대는 어떤 남자일까요? 바로 바람둥이입니다. 잘생기고 몸매 좋고 능력 있고 매너가 좋으면 바로 마음 저편에서 떠오르는 것이 '이 사람 선수 아냐?' 하는 걱정입니다.

남자도 마찬가지입니다. 여자가 예쁘면 좋지만 동시에 마음 한구석에서 걱정합니다. 예쁘면 얼굴값을 한다는 말을 떠올리는 거죠.

이런 마음은 논리적인 것이 아닌 경험적으로 학습된 것입니다. 그래서 조건이 좋으면 좋을수록, 매력이 많으면 많을수록 더 신경 쓰이는 부분이 '이 사람 오래갈까?' 하는 걱정입니다.

기업 입장에서도 마찬가지입니다. 연인관계야 헤어지면 그만이지만 직원은 한 번 잘못 채용하면 손해 보는 기회비용이 막심합니다. 새로 뽑은 직원을 교육하는 데 들어가는 비용도 만만치 않지만 또다시 직원을 뽑기 위해 채용 공고를 내고 서류전형, 면접을 거쳐 업무에 숙달될 때까지 걸리는 시간과 거기에 투입되는 인력, 그 시간 동안 다른 직원이 있었으면 진행되었을 일의 양, 이런 기회비용이 그 야말로 어마어마하게 들어가지요.

그나마 별 능력 없어 보이는 직원이 들어왔다 그만두면 그냥 '누가 왔다 갔구나' 하지만 으리으리한 스펙에 매력과 더불어 능력 넘치는 존재감 있는 직원이 입사했다가 돌연 그만두면 엄청난 타격을 받습니다. 회사 분위기가 썰렁해지는 것은 물론이고요. 기대가 컸던만큼 실망의 강도가 크게 마련입니다.

그래서 매력 넘치는 지원자일수록 가장 신경 써서 보는 부분이 '이 사람 얼마나 다닐까?'입니다. 요즘에는 하도 신입 사원들이 입사하자마자 금방 그만두다 보니 오히려 이 부분이 채용을 결정하는 가장 큰 덕목이 되어버린 회사도 많습니다. 대기업도 예외는 아닙니다.

어차피 요즘 지원자들 스펙이야 다 비슷비슷하고 업무 능력이야 입사해서 가르치면 금방 늘기 때문에 가장 중요한 건 얼마나 엉덩이가 무거운 사람이냐는 것이지요.

경력자 면접을 볼 때 가장 많이 하는 질문이 '이직 사유'인 것도 바로 이 때문입니다. 특히 경험 많은 노련한 면접관일수록 이 점을 놓치지 않고 따집니다. 각각의 회사에서 얼마나 오래 다녔는지, 이직할 때마다 어떤 이유가 있었는지를 꼬치꼬치 물고 늘어집니다. 한 직장에서 힘들어도 때를 기다리며 진득하게 오래 참는 스타일인지, 아니면 조금만 힘들고 누구와 마찰이 있으면 바로 회사를 갈아타는 스타일인지를 파악하는 것이지요. 그래서 이직의 이유는 누가 들어도 그럴 수밖에 없는 특별한 이유라야만 합니다.

가장 안 좋은 건 이직 사유에 대한 질문에 특별한 대답을 못하고 대충 얼버무리려는 태도입니다. 이런 경우, 지원자는 본인이 받을 수 있는 가장 안 좋은 점수를 받게 됩니다. 남녀관계에서 있을 수 있는 최악의 상황은 상대방의 바람도 아니고 폭력도 아닌 이별입니다. 자주 여자를 바꾸는 남자가 여자 입장에서는 최악의 남자이지요.

그러면 신입 사원의 경우는 무엇을 어필해야 할지가 나왔습니다. 맞아요. 그냥 '나는 엉덩이가 무거운 사람이다'를 부각하면 됩니다.

이전에 취업한 기록이 없으니 더 자신 있게 말할 수 있습니다. 참으로 간단한 이 말 한마디의 효과는 정말 대단합니다. 서글픈 이야기이지만 "저는 이 직장에 입사하게 되면 정말 오래오래 다닐 것입니다"라는 말을 들으면 면접관 대부분의 마음속엔 감동이 차오릅니다. 뽑아놓으면 바로 그만두는 직원들 때문에 그만큼 마음이 상해왔기 때문이겠지요.

사실, 개인적으로 신입 사원은 웬만한 대기업이 아닌 이상 한 직장에 3년 이상 다닐 필요가 없다고 생각합니다. 물론 무슨 일이 있어도 그런 티를 내서는 안 됩니다. 유도 심문에도 넘어가면 안 됩니다. 일단 입사를 해야 이직이라는 것도 가능한 것 아닙니까?

채용 과정에선 갑과 을의 관계가 명확합니다. 기업은 절대의 갑이고 지원자인 여러분은 절대의 을입니다. 이 채용 과정에서 갑이 그 어떤 횡포를 부려도 여러분은 그 회사에 입사하는 게 절대 목적인 이상 횡포를 횡포로 인식해서는 안 됩니다.

하지만 일단 입사가 결정되면 이제 갑을관계가 180도 바뀝니다. 신입 사원이라면 더더욱 그렇습니다. 시장에서 전혀 검증 안 된 무명 상품이었던 여러분은 원하는 수준의 직장에 입사하는 바로 그 순간부터 어엿한 브랜드 상품이 됩니다.

브랜드가 좋으면 좋을수록 여러분은 어디에 갖다 놓아도 팔릴 고급 상품이 됩니다. 없던 날개가 생기는 것입니다. 이제부턴 등에 날개를 달고 어디든 원하는 곳, 더 높은 곳으로 날아갈 준비가 된 것이지요.

경제적으로도 일단 월급이 매월 꼬박꼬박 들어오기 때문에 더 편하게 구직 활동을 할 여유와 여건이 형성됩니다. 그래서 무직자였을 때보다 좀 더 여유롭게 시간에 쫓기지 않고 원하는 직장을 탐색하고 조금 더 완벽한 취업을 준비할 수 있게 됩니다.

회사의 돈으로 영어 학원에 다닐 수도 있고 출장을 다니면서 다양한 경험과 견문을 넓힐 수도 있습니다. 이제 명함이 있으니까 업계의 여러 사람을 업무상이라는 이유로 자유롭게 만나보고 눈도장을 찍을 수 있습니다. 그래서 향후 이직할 직장에서 이상하게 생각할 정도가 아닌 만큼의 근무 기간을 채우면 여러분은 이제 떠날 준비가 된 것입니다.

경험 많은 면접관들은 이런 현실을 누구보다 잘 알고 있습니다. 그리고 본인들의 회사가 채용 공고에 묘사한 것만큼 훌륭하고 매력적인 곳이 아니라는 것도 잘 알고 있습니다. 그렇기 때문에 지원자의 개인적 능력보다 이 사람이 우리 회사를 얼마나 오래 다닐지를 파악하기 위해 이래저래 유도 심문도 해가면서 찔러봅니다. 그래서 여러분은 더 정신을 똑바로 차려야 합니다. 구직자로서 여러분이 면접 시 가장 신경 써야 할 부분은 바로 '나는 엉덩이가 무겁다'는 인상임을 잊어서는 안 됩니다.

CHECK POINT ────── 05

- 무조건 나는 이 회사에 뼈를 묻겠다고 말하라.
- 반드시 3년 안에 이직하라.

인격자가 되어라

앞서 설명한 것들이 '여러분을 뽑지 않고선 못 견디게 만드는' 치명적 매력에 대한 부분이라면, 이제부터 설명하는 것은 채용 과정에서 없으면 안 될 필수 항목 혹은 갖추면 도움이 되는 세부 사항에 관한 내용입니다. 지원 회사의 규모나 종류에 따라 조금씩 차이는 있겠지만 제 경험상 어느 경우에라도 도움될 만한 내용들이니 잘 이해해서 본인의 매력 포인트로 만들기 바랍니다.

가장 먼저 거론하고 싶은 것은 바로 '인격' 부분입니다.

인격이 좋은 사람을 뽑고 싶은 마음은 모두가 공통적으로 가지고 있지만, 특히 팀장 레벨의 면접에서는 채용 결정이 크게 좌우되는 가장 중요한 입사 조건입니다. 순서상 팀장 면접 후에 임원·대표 면접이 이루어집니다. 임원·대표 면접 때는 앞서 설명한 갖가지 다른 매력이 중요하게 평가되지만, 팀장 면접 때는 '인격'에 대한 부분이 가장 중요한 평가 요소입니다.

팀장 입장에서는 서류전형을 통과한 비슷비슷한 스펙을 가진 사람들의 업무 능력은 다들 거기서 거기라고 생각하게 마련입니다. 정작 그들이 가장 신경 쓰는 부분은 '이 사람을 얼마나 믿을 수 있느냐'입니다.

팀장 본인도 물론 일 잘하는 사람을 뽑고 싶겠지만 어차피 회사의 오너가 아닌 월급 받고 일하는 입장인 이상 같이 일하면서 편한 사람을 뽑고 싶은 마음이 더 앞서게 마련이죠. 어느 회사에나 존재하는 조직 내부의 복잡한 줄서기, 알력싸움 등을 고려할 때 새로 입사하는 팀원에게 가장 기대하는 역할이란 무엇보다 나를 편하게 해주는 것입니다. 물론 일 처리 능력으로도 나를 편하게 해주면 좋지만 일하는 방식이나 태도, 일 외적인 부분에서 나를 편하게 해주는 게 최고의 조건이죠.

귀찮은 일을 싫은 표정 없이 해준다든지, 내가 자리를 비워야 할 때도 믿고 일을 맡길 수 있다든지, 또 본인이 맡은 일은 밤을 새워서라도 마감 시간 전에 마무리한다든지, 그리고 무엇보다 다른 팀이나 윗사람들에게 우리 팀이나 나에 대해 해가 되는 말을 안 할 것 같은 과묵함 등등……. 이런 모습들이 유추되는 지원자의 좋은 '인성'이

팀장 입장에서는 채용 시 가장 중요한 항목입니다. 한마디로 좋은 인격을 가졌느냐의 여부이지요.

여러분이 정말로 좋은 인성을 가진 인격자라면 서류상에서도 면접 시에도 어느새 본인의 훌륭한 모습들이 드러납니다.

물론 대부분의 경우, 특별하게 성격상으로 모난 부분은 없지만 그렇다고 본인 스스로가 채용에 크게 도움될 정도의 대단한 인격자가 아니라고 생각하는 이가 많습니다. 그런 사람일수록 채용 과정에서 인격적인 부분의 어필에 대해 좀 더 신경을 쓸 필요가 있습니다.

특히 면접 자리에서는 인성과 무관한 실무적 내용에 대한 질문과 대답이 오갈 때 절로 본인의 모난 성격이 불필요하게 부각되기도 합니다. 다급한 마음에 본인의 의견을 너무 강하게 주장한다든지, 질문을 중간에 끊든지, 나도 모르게 언성을 높이고 얼굴빛이 상기되는 것입니다. 황당한 질문을 받았을 때 또 억울한 궁지에 몰렸을 때는 욱하는 성격이 나오기도 합니다. 이처럼 본인의 인성이 저도 모르게 발현되는 상황은 짧은 면접 시간 동안 무수히 많이 존재합니다. 그래서 항시 조심해야 합니다.

좀 더 효과적인 방법은 머릿속으로 자신이 알고 있는 인격 뛰어난 '그 어떤 사람'을 떠올리는 것입니다. 그리고 자기소개서를 쓰는 순간에도, 면접에 임하는 순간에도 '나는 이제부터 그 사람이다, 그 인격자다'라고 생각하는 것입니다. 그 사람이라면 서류상에서 이런 내용을 이런 톤 앤드 매너로 작성하고, 이런 자리에선 이런 목소리로

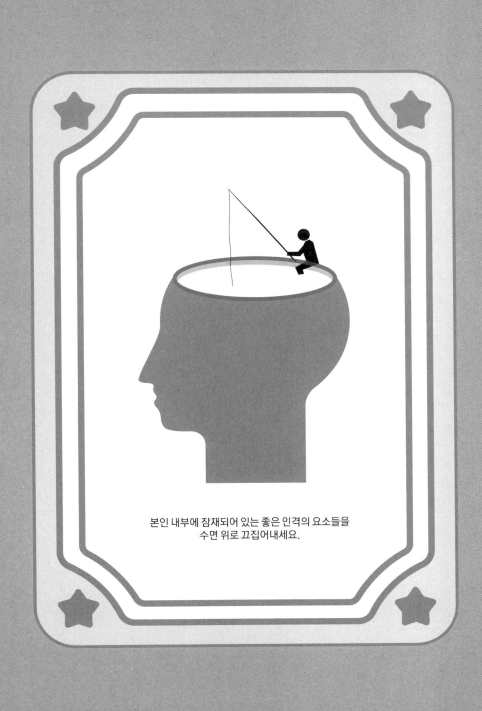

본인 내부에 잠재되어 있는 좋은 인격의 요소들을
수면 위로 끄집어내세요.

이런 식으로 이야기를 풀어간다고 상상하면서 행동하고 말하는 것입니다.

인격자가 갖출 만한 덕목은 그렇게 복잡하지 않습니다. 겸손하고 인자하고 부드러운 것뿐이죠. 본인의 장점을 자랑할 때도 어딘가 겸손함이 드러납니다.

부득이하게 타인 혹은 다른 회사의 단점을 말할 때, 독이 가득한 기운을 풍기면서 지적하는 것과 안타까움 마음으로 말하는 것과는 듣는 느낌이 다릅니다. 상당히 복잡하고 난해한 소재의 이야기를 할 때에도 말이 빨라지고 뭔가 날이 선 채로 얘기하는 것과 느긋하고 부드러운 말투로 천천히 풀어가면서 얘기하는 것과는 그 감동의 크기가 다릅니다.

면접은 말싸움을 벌여 이겨야 하는 자리가 아닙니다. 지원자가 면접을 끝내고 방에서 나갔을 때 방에 남아 있는 사람들이 느낄 분위기를 생각해야 합니다. 썰렁할지 아니면 훈훈하고 긍정의 기운이 가득할지를 말이지요.

거짓 연기를 하라는 말이 아니라 본인 내부에 잠재되어 있는 좋은 인격의 요소들을 수면 위로 끄집어내라는 뜻입니다. 선보는 자리에서 정말 결혼하고 싶은 마음이 드는 이성과 대화하는 상상을 해보기 바랍니다.

아무리 훌륭한 인격자들도 매 순간 자동적으로 좋은 인격이 새나지는 않습니다. 그들도 화가 치미는 순간이 닥치면 화가 올라오니다. 다만, 숨을 크게 쉬면서 호흡을 고르고 화를 삭이려 노력합니다. 바로 눈앞에 이익이 되는 일이 있어도 혹시 그게 남에게 피해를 주는 것이라면 좀 더 멀리 생각해서 자제합니다. 인격자처럼 행동하려고 매 순간 노력하지요. 잠시만 긴장의 끈을 놓아도 사람이란 금방 나쁜 성질이 올라오기 때문입니다.

따라서 아무 생각 없이 노랫말처럼 '나 있는 그대로의 모습'으로 면접에 임하겠다고 생각하는 건 위험한 발상입니다. 적어도 채용의 그 짧은 순간만큼은 훌륭한 인격자의 연기를 해내야 합니다. 어차피 그 연기에 대한 비용은 입사 후 회사에 연봉으로 청구하면 됩니다.

CHECK POINT ———— 06

- 팀장 면접 시엔 반드시 '인격자' 연기를 해야 한다.
- 면접은 말싸움을 벌여 이기는 자리가 아니다. 내가 방에서 나간 후, 방에 남아 있는 사람들이 좋은 분위기여야 한다.

의도적인 단점을
만들어라

대부분의 구직자가 가장 많이 범하는 실수가 바로 본인의 단점이 뭐냐는 질문에 대한 대답입니다. 결론부터 말하자면 단점은 말하지 않아서도 안 되고, 있는 그대로 말해서도 안 됩니다. 불필요한 솔직함은 오히려 독이 됩니다.

단점이 아예 없어서도 안 됩니다. 단점이 없어 보이는 사람은 왠지 뽑기가 꺼려집니다. 왜냐하면 우리는 경험적으로 이 세상에 싸고 좋은 건 없음을 알고 있기 때문입니다. 세상만사에는 플러스가 있으면 마이너스가 있고 봉우리가 있으면 골짜기가 있다는 것을 각자 인생을 살아오면서 수없이 경험했기 때문입니다.

그래서 장점으로만 가득 찬, 누가 봐도 완벽해 보이는 구직자에게서 어딘가에 꼭꼭 숨어 있을 것만 같은 단점을 캐내려는 탐정 심리가 절로 발동합니다. 마트에서 황당하게 싼 물건을 보면 일단 의심부터 드는 것과 같은 원리입니다.

우리는 무엇인가를 판단할 때 본능적으로 대상의 장점과 단점을 파악하고 그 둘을 비교하고 싶어 합니다. 그리고 그중 제일 낮아 보이는 상품을 선택하고는 비로소 안심하고 '잘 샀다'라고 생각합니다. 이런 과정을 겪지 않으면 진짜로 싸고 좋은 물건을 운 좋게 구입했을지라도 왠지 기분이 찝찝합니다.

따라서 여러분도 채용 과정에서 누가 봐도 이해하기 쉽게 여러분의 장점과 단점을 모두 보여줘야 합니다. 그래야 면접관들의 마음이 편안해집니다. 당신의 단점이 뭐냐는 질문에 거침없이 "나의 단점은 무엇 무엇입니다"라고 확실히 이야기해야 합니다.

단, 솔직할 필요는 없습니다. 우리는 어떤 종교 집단에 들어가기 위해 인터뷰를 하는 것이 아닙니다. 채용 과정을 기술적으로 통과하는 것도 훗날 회사 업무에 필요한 개인 능력입니다.

회사는 도덕 집단이 아닙니다. 어차피 회사도 기업이 제공하는 상품이나 서비스를 통해 고객으로부터의 금전적 대가를 바라고 만든 철저한 이익 추구 집단입니다. 그래서 기업에서 솔직함보다 우선하는 덕목이 전략입니다. 즉, 여러분도 전략적으로 채용 과정에 임해야 합니다.

그럼 무슨 단점을 이야기해야 할까요? 여러분에게 도움이 될 만한 이야기를 하면 됩니다.

장점과 단점은 상대적 개념입니다. 어떤 특정한 성향이나 버릇이 누구에겐 장점으로 여겨질 수 있지만 또 누구에겐 꼭 고쳐야 할 단점이 되기도 하지요.

아침잠이 없어서 새벽에 일찍 깨는 것이 장점입니까, 단점입니까? 매사에 지나치게 신중하다는 건 장점일까요, 단점일까요?

사람마다 상황마다 다른 것입니다. 본인이 장점이라고 이야기하고 싶은 부분을 본인의 단점이라고 말해도 되는 거죠.

면접관들이 수긍을 못할까 봐 걱정인가요? 걱정할 필요 없습니다. "단점이 뭐냐?"라는 질문은 그들이 정말 궁금해서 심각하게 물어보는 것이 아니기 때문에 여러분의 답변을 굳이 따지고 들지 않습니다. 그러기엔 서로 너무 없어 보입니다.

장단점을 모두 파악하지 않은 상태에서 제대로 된 의사결정을 하면 안 될 것 같은 기존 습관 때문에 마치 빈칸을 형식적으로 채우는 마음으로 무심히 물어보는 것에 불과합니다. 여러분이 얘기한 단점이 정말 단점 같지 않다고 느껴지면 자기들끼리 싱겁게 웃으면서 '이 사람, 재미있는 친구네' 하면서 넘어갈 것입니다.

그런데 단점이 뭐냐는 질문에 갑자기 심각한 표정을 지으며 한동안 뜸을 들이고는 "솔직히 말씀드리면……" 하면서 정말 여러분의 치명적인 단점을 말해버린다면 어떻게 될까요?

분위기는 심각해질 것입니다. 면접관들은 그때부터 마치 대단한 건수를 올렸다는 태도로 돌변해 여러분의 그 단점을 집요하게 더 깊이 캐려고 할 것입니다. 만일 특별한 극적 반전 없이 그 상태로 면접이 끝나버린다면 여러분은 탈락할 가능성이 높습니다.

자기 무덤을 판다는 게 바로 이런 경우 아닐까요?

"제 단점은 한번 마음을 주면 너무 깊게 빠져버린다는 것입니다."

"제 단점은 여기저기 너무 관심이 많다는 것과, 뭔가 궁금하면 끝까지 파봐야 직성이 풀린다는 점입니다."

"제 단점은 승부 근성이 너무 강한 것입니다."

어떻습니까? 상당히 적절한 단점의 예시입니다. 이런 식으로 자기 단점을 얘기하면 대부분의 면접관들은 "그게 무슨 단점인가? 허허" 하면서 자연스럽게 다음 질문으로 넘어갈 것입니다. 이게 바로 여러분이 면접장에서 현실화해야 할 시나리오입니다.

CHECK POINT ──── 07

- 단점은 말하지 않아서도 안 되고, 있는 그대로 말해서도 안 된다.
- 당신의 장점을 단점이라고 말하라. 단점은 상대적인 개념이다.

'좋은 브랜드'가 아닌, '러브마크'가 팔린다

'러브마크'라는 말은 본래 브랜드를 연구하는 마케터들이 만든 용어입니다. 세상에 좋은 브랜드들이 워낙 넘쳐 나다 보니 기존 브랜드들을 뛰어넘는 뭔가 더 매력적인 것은 없을까 하는 고민에서 탄생한 신개념 브랜드입니다. 이들은 세상에 존재하는 많은 브랜드 중에서 뭔가 특별한 브랜드들을 발견했습니다. 소비자들이 단순하게 이러이러한 이유에서 좋아하는 브랜드가 아닌 지나칠 정도로 열광하고, 혹시 눈에 띄는 단점이 있더라도 마치 눈에 콩깍지가 낀 것처럼 그 잘못을 덮어주고 좋게 봐주는, 그리고 그 브랜드를 비판하는 사람들에게 마치 자기가 그 브랜드의 직원인 것처럼 변명하고 옹호하는 그런 특이한 브랜드들 말입니다.

그 대표적인 예가 애플, 할리데이비슨, 버진레코드, 샤넬, 코카콜라, 갭 등입니다. 이 브랜드들은 소위 단골 소비자의 수준을 넘어섰고 자기들만의 팬덤을 형성하고 있습니다. 이 브랜드의 팬들은 단순히 해당 브랜드를 좋아하는 데 그치지 않고 본인들의 삶이 브랜드와 깊은 관계성을 가진다고 여깁니다. 그래서 브랜드가 치명적인 실수를 해도 마치 친구의 실수를 덮어주듯 인내합니다. 그렇게 문제가 개선되기까지 기다려주고 개선이 되면 또다시 구매합니다.

1990년대 중반, 코카콜라는 당시 유행하던 입맛 트랜드에 따라 콜라 맛을 연하게 바꾸어 '뉴코크NEW COKE'라는 신상품을 출시했습니다. 그때 미국 전역에서 소비자들은 "코카콜라의 맛을 원래대로 돌려달라"며 한바탕 큰 난리를 일으켰습니다. 도로에서 피켓 시위를 하고 코카콜라 본사에 보관된 원액에 독극물을 주입하겠다는 내용의 협박 편지를 보내는 등 당시 소비자들의 분노가 정말 대단했습니다. 결국 코카콜라는 원래의 맛으로 상품을 교체하고 상품명도 '코크 클래식COKE CLASSIC'이라고 바꿨습니다. 이 상품은 오늘날까지 그 이름 그대로 이어지고 있습니다.

마케팅학자들은 바로 이런 브랜드야말로 일반적 브랜드의 수준을 뛰어넘은 브랜드, 러브마크라고 합니다. 콜라 맛이 마음에 안 들면 다른 경쟁사의 제품을 사 먹으면 될 것을 왜 군이 그토록 본인의 일처럼 화를 내면서 행동하는 걸까요? 브랜드에 대한 애착이 사랑의 수준까지 이르지 않고서는 이해하기 힘든 부분입니다.

　그래서 마케팅학자들은 이런 종류의 러브마크 브랜드들이 기존 브랜드들과 도대체 무엇이 다른지를 연구했습니다. 과연 어떤 특성상 차이가 있는지를 분석한 최종 결과가 바로 친근함, 감각, 의외성 그리고 신뢰입니다. 일반적으로 우리가 좋은 브랜드라고 생각하는 브랜드들의 특성과는 조금 다른 결과입니다. 지금은 조금 상황이 달라졌지만 2000년대 중반의 삼성과 애플의 차이를 생각해보면 좀 더 쉽게 이해될 것입니다.

　'좋은 브랜드' 삼성은 친절합니다. 감각적인 면에서는 조금 떨어지지만 표면적 기능과 성능은 더 좋습니다. 그리고 광고나 매장의 POP 등 소비자와의 여러 접점 경로를 통해 자기의 장점을 세세하게 다 알려줍니다. 반면, '러브마크'인 애플은 친철하기보다는 친근합니다. 불편한 기능들이 많지만 더 감각적입니다. 그리고 본인들의 매력을 장황하게 설명하지 않기에 오히려 매력을 다 파악할 수가 없어 신비감을 줍니다. 두 브랜드 간의 차이가 이해되나요? 물론 이 둘의 공통점은 신뢰입니다. 아무리 매력적인 러브마크라도 장사의 기본인 신뢰가 무너지면 아무 소용이 없습니다. 그래서 러브마크의 마지막 특성으로 신뢰라는 항목을 넣은 것이겠지요.

　이제 시대가 바뀌어 '러브마크스럽다'는 이유만으로 성공을 보장받을 수는 없습니다. 왜냐하면 요즘엔 모든 브랜드가 '러브마크스럽

일반적 브랜드의 수준을
뛰어넘은 러브마크 브랜드에는
친근함, 감각, 의외성 그리고 신뢰가 있습니다.

게' 가려고 노력하기 때문입니다. 남녀관계에서도 마찬가지입니다. 예전엔 '러브마크스러운' 남자들이 인기가 많았습니다. 유머 감각이 있고 옷 잘 입고 어딘가 신비로운 남자가 인기 있었지만 그건 대부분의 남자가 촌스러웠던 시절의 이야기였습니다. 요즘에는 오히려 믿음직하고 너그러운 남자가 더 인기입니다. 하지만 이것은 양자택일의 이슈가 아닌, 플러스알파의 개념으로 이해해야 합니다. 일단 '러브마크스러운' 덕목을 갖춘 뒤 더 나아가 믿음직하고 너그러운 모습을 겸비해야 한다는 뜻이지요.

채용 시장도 마찬가지입니다. 우선은 매력적으로 보이는 게 중요합니다. 일단 눈길을 끌고 호감도를 끌어올려야 합니다. 그래야 그 다음이 있습니다. 친절이 아닌 친근함, 촌스러움이 아닌 감각적 느낌, 그리고 장황한 설명이 아닌 신비로움……. 여러분이 과연 이런 요소들을 이력서 및 자기소개서에서, 면접 과정에서 어필하고 있는지 확인해야 합니다. 그리고 가장 중요한 기본은 '신뢰'이지요. 이 모든 매력은 믿음직스럽다는 신뢰의 테두리 안에서 어필되어야만 합니다.

과도한 친절, 어색한 예절은 상대방에게 '이 사람, 상황이 좀 다급한가?' 하는 불필요한 선입견을 줍니다. 강자 앞에 약해지고 약자 앞에 강해지고 싶은 게 사람의 공통된 심리입니다. 매장 점원을 생각해보면 이해가 더 쉬울 것입니다. 과도한 배꼽 인사를 하는 점원을 대하면 왠지 불편한 감정이 듭니다. 그렇다고 무관심한 태도를 보이는 점원은 우리를 더 기분 나쁘게 만들지요. 외국의 SPA 매장 직원은 친근한 눈웃음만으로도 충분히 호감을 표시합니다.

요즘 '감각 있다'의 반대말은 촌스럽다'가 아닌, '과도하게 꾸미다'입니다. 촌스러운 사람이 없어졌기 때문입니다. 요즘 소위 감각 있다고 하는 사람들은 '무엇을 더 붙일까'가 아니라, '무엇을 더 덜어낼까'를 고민합니다. 어떻게 하면 간단하고 적은 아이템으로 세련된 느낌을 표현하는지가 바로 얼마나 감각적인지를 판가름하는 기준입니다. 옷의 디자인이 중요한 것이 아니라 옷의 재질이 중요하고, 화장 컬러가 중요한 것 아니라 피부의 결이 더 중요합니다.

감각적이라는 것은 비단 외모에만 한정된 개념이 아닙니다. 지원자의 감각을 판단하기 위해 제가 가장 자주 하는 질문이 있습니다.

'무슨 음악을 좋아하나요?'

'무슨 브랜드를 좋아하나요?'

'좋아하는 그림이나 영화는 무엇인가요?'

이 질문을 절대로 오해해서는 안 됩니다. 저는 그 사람이 진짜로 어떤 음악을 듣는지 알고 싶어서, 나도 그런 음악이 듣고 싶어서 물어보는 게 아닙니다. 단지 지원자가 얼마나 감각적인 사람인지를 테스트하는 것일 뿐입니다. 그렇다면 이런 상황에서 어떻게 대답해야 점수를 딸 수 있을까요?

감각적인 대답을 해야 합니다. "자주 듣는 음악이 무엇이냐?"라는 질문에 정말로 좋아하는 음악을 이야기할 필요는 없습니다. 실제로

"좋아하는 옷 브랜드가 무엇이냐?"라는 질문에 곧이곧대로 자신이 즐겨 사는 브랜드를 이야기하는 지원자들이 있는데, 이는 눈치가 없는 것일 뿐입니다. 이런 지원자들을 마주하자면 '내가 뭘 알고 싶어 하는지 질문의 핵심을 눈치채지 못하는 어리숙한 사람을 어디다 쓸까?' 하는 생각이 들지요.

따라서 여러분은 항상 이런 종류의 질문에 대한 적절한 대답을 미리미리 준비해야 합니다. 막상 할 말이 떠오르지 않을 때는 차라리 면접관이 생전에 들어보지도 못했을 것 같은 브랜드들을 열거하는 게 오히려 더 낫습니다. 그러면 면접관은 '뭐 잘 모르겠지만 일단 감각이 없는 사람은 아니겠군' 하며 다음 질문으로 넘어가게 마련입니다.

의외성은 신비감과 비슷한 개념입니다. 사람은 본인이 가지고 있는 데이터베이스의 카테고리를 넘어선 대상에 대해서는 호기심과 호감을 느낍니다. 상대방이 내가 알고 있고 이미 경험한 사람들의 유형에서 벗어나지 않으면 면접 분위기는 상당히 형식적이고 딱딱하게 흐릅니다. 하지만 면접관 입장에서 '이 사람은 내가 전혀 모르는 유형이다'라는 느낌을 받으면 면접의 주도권이 바뀝니다. 공부를 특출하게 잘했으면 일반적으로 사회 경험이 부족해야 하는데 보통 사람들보다 더 많이 놀았다든지, 얼굴이 예쁘고 몸매도 호리호리해서 꽃꽂이나 할 것 같은 여자가 주말에 할리데이비슨 오토바이를 타는 취미가 있다든지 등등…… 면접관들은 이런 식으로 기존 선입견을 깨는 이야기를 들으면 눈을 비비고 지원자를 다시 보게 됩니다.

그래서 요즘 회사가 가장 뽑고 싶어 하는 신입 사원의 유형은 바로 공부 잘하는 날라리입니다. 경력 사원은 조금 이야기가 달라지겠지만 신입 사원만큼은 이왕이면 가장 요즘 젊은이다운 인물을 뽑고 싶은 게 기업의 심리입니다. 요즘 젊은이라고 해서 실제로 전국의 모든 젊은이를 대변하는 정확한 평균치의 인물을 이야기하는 것은 아닙니다. 예능 프로그램에나 나올 법한, 길가다 눈에 띄는, 도저히 기성세대가 이해하기 어려운 언어와 사고방식을 가진 그런 특별한 젊은이를 원합니다. 나이만 어리고 채용자와 비슷한 사고방식을 가진 직원은 뽑아봤자 쓸 곳이 많지 않습니다.

신입 사원은 기성세대가 아무리 노력해도 세대 차이가 나 도저히 채울 수 없는 부분을 메우기 위해 채용하는 것입니다. 그렇기 때문에 기업이 원하는 젊은이는 예전 말로 하자면 바로 '압구정 오렌지족', 아니면 '낑깡족'이라도 되어야 하는 것입니다. 다만, 머리가 텅 빈 오렌지족이 아닌 공부 잘하는 오렌지족을 찾는 것이지요. 기본이 충족되지 않은 상태라면 오렌지족, 날나리 이미지는 오히려 해가 됩니다. 차라리 공부 잘하고 촌스런 사람이라면 어딘가에 써먹기라도 하겠지만 공부 못하는 날라리는 채용이 아예 어렵습니다.

스펙을 통해서 본인이 모범생이나 공부 잘하는 사람이라는 사실이 이미 객관적으로 입증된 상태라면 그다음으로 꼭 갖춰야 할 추가 사항이 바로 날라리 이미지입니다. 객관적으로 입증될 수 있는 모범생적 수위가 높을수록 그만큼 날라리의 수위를 높이면 더 좋습니다.

A급 대학을 나왔다면 고등학교 때 몰래 담배 폈다는 사실이 오히려 더 긍정적으로 작용합니다. S급 대학을 나왔다면 고등학교 때부터 클럽에 다녔다는 이야기도 '이 자식 멋진 놈이군'이라는 반응을 이끌어낼 수 있습니다. 하지만 본인이 C급 대학을 나왔다면 혹은 그보다 더 떨어지는 수준의 스펙을 가진 상황이라면 고등학교 때 놀았다는 말은 아예 꺼내지 않는 것이 더 좋습니다.

기업은 왜 공부 잘하는 사람을 선호할까요? 학교에서 배운 공부가 일하는 데 무슨 직접적인 관련이 있냐고 문제를 제기하는 사람도 있습니다. 간혹 면접 때 고등학교 시절 반에서 몇 등 했냐는 질문을 받고 황당해한 경험이 있을 겁니다. 그런 질문을 한 이유는 기업이 정말 지원자의 학교 브랜드, 전공 내용이나 등수 자체에 관심이 있다기보다는 여러분이 정말 하기 싫은 공부, 그 과정을 참고 이겨내는 능력이 있는지를 알고 싶어서입니다.

실제로 회사생활을 하다 보면 왜 이 일을 해야 하는지 명확한 이유가 없는 경우가 발생합니다. 코앞에 닥친 데드라인을 앞두고 무슨 일이 있어도 납기 시점 안에 주어진 업무를 분초를 다투며 해내야만 하는 경우도 자주 있습니다. 이런 극한의 상황에서 나 몰라라 포기하는 직원인지, 아니면 이를 악물고 경쟁을 이겨가며 일을 해내는 직원인지를 판단할 수 있는 가장 쉬운 척도가 바로 여러분이 반에서 몇 등을 하고 무슨 대학을 나왔는지입니다. 절대적으로 정확한 정보는 물론 아니겠지만 아무래도 남들 가기 어려운 좋은 대학을 나왔다는 건 그만큼 하기 싫은 일을 해내는 능력이 남보다 더 낫다는 방증 아니겠습니까?

그래서 여러분은 이런 질문들을 불쾌하게 여길 것이 아니라 왜 그들이 이런 질문을 하는지를 이해해야 합니다. 그래서 만일 본인이 질문에 만족스러운 조건을 갖추지 못한 상황이라면, 쉽게 말해 좋은 학교를 나오지 못한 경우라면 다른 부연 설명이나 자료 등을 통해 '나는 그런 극한 상황에서 맡은 바 일을 해낼 수 있는 성질과 능력을 가진 사람'임을 피력해야 합니다.

이제 러브마크의 세 번째 특징인 외외성, 신비감에 대해 알아보겠습니다. 본인의 장점들을 있는 그대로 주저리주저리 나열하는 태도 역시 신비감을 깎아 먹습니다. 소개팅이나 선보는 자리에서 남자가 상대방 여자에게 본인에 대해 늘어놓는 장면을 한번 상상해보십시오. 남자가 객관적으로 좋은 외모와 조건을 가지고 있어서 여자는 이미 마음속에 호감을 가지고 있습니다. 그런데 이 남자 왈 "나는 악기도 잘 연주하고, 골프도 좋아하고, 승마도 하고, 시도 쓰고, 주말엔 화실에서 그림도 그립니다" 하면 여자의 기분이 어떨까요? 이 옷은 무슨 브랜드이고, 어디에서 샀고, 가격이 얼마이고, 지난 휴가 때 유럽의 어느 도시에 가서 뭘 먹고 뭘 보고⋯⋯. 이런 식으로 말한다면 어떨까요? 여자는 처음에는 호기심에 눈이 반짝이겠지만 나중엔 지쳐서 졸음과 사투를 벌일지도 모릅니다.

여자는 남자에게 '아, 죽을 때까지도 이 남자의 매력을 다 모를 것 같아!'라는 생각이 들 때 사랑에 빠집니다. 제가 그 남자라면 승마 이야기는 그 자리에서 말로 하지 않을 텐데요. 나중에 기회가 되어 차를 같이 타고 어딜 가다가 우연히 트렁크를 열면서 승마 모자를 실수로 툭 떨어뜨리는 게 낫겠지요. 그때 자연스럽게 여자가 "어, 승마도 하세요?" 하고 물어보면 그제야 쑥스러운 표정으로 머리를 긁으며 "어, 어…… 그냥 가끔 주말에 해요"라고 말하겠습니다. 여자 입장에서 둘 중 어느 쪽에 더 큰 호감을 가질까요?

채용 과정에서도 마찬가지입니다. 주어진 시간 안에 가능한 한 본인의 장점을 하나라도 더 많이 말하기 위해 조급해하는 사람들이 있습니다. 그러면 면접관들은 듣다가 지칠뿐더러 호감도 또한 떨어집니다. 본인의 장점을 어필하는 것은 좋지만 밑천까지 다 드러내서는 절대 안 됩니다. 발목까지만 살짝 보여주는 섹시한 여자처럼 힌트만 슬쩍 드러내야 합니다. 애가 타서 더 자세히 물어보는 질문에 신이 나서 주절주절 이야기하면 안 됩니다. 어느 정도까지만 이야기를 하고 마무리해야 합니다. 그래야 면접관 입장에서는 그 사람에 대한 신비감이 모락모락 피어나고 꼭 채용해서 그의 능력을 바로 옆에 두고 매일 보려는 마음이 생깁니다.

만일 본인이 특별히 내세울 장점이 없다면 신비감을 조장할 만한 장점들을 만들어내야 합니다. 비록 그 깊이가 어디에 내세울 만큼 깊지 않더라도 좋습니다. 누구라도 호기심을 가질 것 같은 장점들을 이력서 어딘가에 심어놓아야 합니다. 특별하고 희귀할수록 그 깊이가 깊지 않아도 큰 문제없이 역할을 톡톡히 해냅니다. 아주 생소한 취미, 언어, 악기, 학문 등 책 한 권만 읽어도 또는 학원에서 강의 몇 번만 수강해도 일반인에게 생소한 이야기를 들려줄 수 있을 수준까지 쉽게 접근 가능한 아이템들……. 그런 것들을 찾아서 조금만 시간을 투자하면 됩니다. 굳이 여러분이 일정 수준까지 이르지 못하더라도 이런 성의를 보이는 것 자체만으로도 이미 다른 경쟁자들보다 한 발짝 앞서 있게 됩니다.

CHECK POINT ──── 08

- 친절하지 말고 친근하라.
- 모든 면에서 감각적으로 보여라.
- 일관성이 아닌, 의외성 있게 보여라.
- 신비감을 유지하라.

모든 기업의 로망, '훈남덕후'

　최근 기업들은 '덕후 상사병'에 빠져 있습니다. 기업들의 요즘 채용 1순위가 바로 '오타쿠', '덕후'들입니다. 오타쿠는 굳이 자세히 설명하지 않아도 될 정도로 요즘 많이 쓰는 말인데요. 일반인들보다 한 분야에 불필요할 정도로 조예가 깊은 사람들을 일본어로 오타쿠, 한국식 발음으로 '오덕후'라고 합니다. 우리는 한 분야에 남들보다 훨씬 깊게 정통한 사람들을 전문가라고 부르는데, 오덕후는 그 정통한 분야의 장르가 다르다는 것이 전문가와의 차이점입니다. 쉽게 말해 오덕후는 예전엔 다른 사람들이 특별한 관심을 가지고 깊게 연구하지 않던 분야, 그럴 필요가 없다고 등한시하던 분야를 전문가 수준으로 깊게 파고든 사람을 말합니다.

전문가와 오덕후의 또 한 가지 중요한 차이가 있습니다. 전문가는 그것을 업으로 하는 사람, 즉 기업 입장에서의 상업적 인물입니다. 반면 오덕후는 철저히 비상업적인, 그것을 업으로 하지 않는 일반 소비자입니다.

이러한 오덕후의 특징은 현대 기업들에겐 상당한 매력 포인트로 여겨집니다.

최근엔 시장이 포화되어 경쟁이 치열해지고 이에 따라 시장 세분화가 가속됩니다. 예전엔 시장을 쪼개서 파이를 나눠 먹는 것이 기업들의 포지셔닝전략이었는데, 이제는 그보다 더 잘게 쪼개야 살아남을 수 있습니다. 그러다 보니 이전보다 좀 더 다양한 분야의 전문가들이 필요해졌습니다.

또 기업들이 소비자들을 예측할 수 없는 시대를 경험하면서 기존의 경영전략이나 마케팅이 더 이상 예전처럼 시장에 통하지 않는다는 것을 알게 되었습니다. 기업 입장에서 생각해낼 수 있는 여러 시도가 작동하지 않자 이제는 관심을 소비자에게 돌립니다. 소비자들은 진짜 어떻게 생각하고, 뭐가 관심사이고, 무엇이 호감이고, 무엇이 비호감인지 그들의 마음속을 깊이 들여다보고 싶어집니다. 그래서 소비자 입장에서의 전문가를 찾게 되고 오덕후가 바로 그 대안으로 떠오른 것입니다.

최근 화장품 회사에서 채용 1순위로 꼽는 인물이 바로 '코덕코스메

^{틱덕후}'입니다. 코덕은 화장품을 전공하고 화장품 회사에서 돈을 받는 전문가가 아닙니다. 코덕은 화장품 소비자 전문가입니다. 코덕들이 주로 출몰하고 활동하는 화장품 카페에서 화장품 회사 직원이나 마케팅 직원은 '강퇴' 대상입니다. 코덕들은 철저히 소비자 입장에서 '요즘 무슨 화장품이 좋고 무슨 화장품이 맛이 갔는지'를 연구하고 의견을 나눕니다. 기업의 마케팅 냄새가 나는 글들은 게시판에서 가차 없이 삭제합니다. 코덕들이 제일 경멸하는 인물이 돈 받고 블로그 글을 써주는 변절한 코덕, 이른바 '블로거지'입니다. 코덕 카페의 게시판 글들을 읽어보면 상당한 수준의 전문성을 느낄 수 있습니다. 비슷한 카테고리에 있는 여러 브랜드의 상품들 성분을 분석해보고, 직접 발라보고, 물에 녹여보고, 다른 용도로 사용해보는 등 기존의 화장품 회사들의 정해진 틀을 벗어난 다양한 시도가 넘쳐납니다.

가장 중요한 정보는 아직 마케팅을 제대로 하지 않아 일반인들에게 잘 알려지지 않은 숨은 보석 같은 화장품 브랜드들에 대한 소개와 자료입니다. 절대로 기존 제도권 화장품 회사들은 접할 수 없는 고급 정보들입니다. 그 외에도 소비자들이 기성 제품들에 대해서 뭐라고 불평하는지, 어떤 점에서 다른 경쟁사 제품보다 좋다고 판단하는지에 대해서도 가감 없는 목소리를 들을 수 있습니다. 소비자 조사에선 본인들의 이미지관리 때문에 절대로 하지 못하는 육두문자나 과격한 표현들을 이곳에선 경험할 수 있습니다. 기업 오너 입장에서는 완전히 보물 창고인 셈이지요. 이 보물 창고를 운영하는

주인공들이 바로 코덕들입니다. 어떤 기업이 군침을 흘리지 않을 수 있을까요? 하지만 오덕후는 하루 종일 한 분야만 너무 깊게 파다 보니 다른 것들은 등한시하게 됩니다. 예를 들어 직장생활이라든지 외모라든지 사교생활 영역 등에선 상대적으로 경쟁력이 낮은 경우가 많습니다. 우리가 일반적으로 머릿속에 떠올리는 전형적인 오덕후의 모습을 보면 알 수 있습니다. 그 분야에서만큼은 타의 추종을 불허하는 전문가이지만 삶의 나머지 부분에선 많이 부족하지요. 기업 입장에서는 어떻게든 채용해서 같이 일해보고 싶은 장점을 많이 가지고 있는 인재입니다. 하지만 호감 가지 않는 외모에 입만 열면 꿀꿀거리는 목소리로 "뭐 뭐 했거든~", "했다는 거~" 하는 식으로 말하는 인물을 막상 채용하기란 쉽지 않습니다.

이러한 기업의 딜레마를 해결해주는 인재상이 바로 '훈남덕후'입니다. 덕후가 '훈남' 되기란 구조적으로 어렵습니다만, 훈남이 덕후 되는 건 조금만 노력하면 가능하지요. 굳이 여러분이 훈남까지는 아니더라도 외모나 매너가 평균 수준만 된다면 그 상태에서 덕후의 모습이 조금만 가미되어도 면접자의 눈에는 훈남으로 보이게 마련입니다. 워낙 덕후에 대한 정형화된 기존 선입견이 있기 때문에 조금만 멀쩡해도 상대적으로 훨씬 멋있게 보입니다.

그러면 어떻게 해야 멀쩡한 사람이 덕후가 될 수 있을까요? 물론 시간을 여유 있게 가지고 한 분야에 정말 덕후가 되는 게 가장 좋은 길입니다. 만일 그럴 여유가 없다면 가장 빠른 길은 덕후들의 세계에 잠입하는 것입니다. 그들의 인터넷 카페에 회원으로 가입해서 그들이 남긴 글들을 읽는 일입니다. 이것만 해도 최소 일주일 이상은 꼬박 걸립니다. 일정 수준 회원 이상의 글까지 다 읽는 권한을 얻기 위해서는 출석 체크도 하고 댓글도 정해진 개수 이상으로 규칙적으로 올려야 합니다. 그리고 되도록 그들의 오프라인 모임도 참석합니다. 이 정도 수준이라면 여러분은 준덕후의 레벨까지는 다다랐다고 볼 수 있습니다. 채용 과정에서 여러분을 훈남덕후로 포지셔닝할 어느 정도의 조건을 갖춘 것입니다.

여러분은 오리지널 덕후가 아니기 때문에 한 분야에만 덕후가 될 필요는 없습니다. 가능한 한 많은 분야에서 준덕후가 될수록 여러분의 경쟁력은 더 올라갈 것입니다. 남들이 몇 개월, 길게는 몇 년씩 투자하는 자격증들이나 외국어 시험 점수보다 단 몇 주 투자해서 얻은 덕후 라벨이 얼마나 위력적인 무기로 채용 시장에서 작용하는지를 경험할 수 있을 겁니다.

CHECK POINT ──── 09

- 덕후가 훈남 되기는 어려워도 훈남이 덕후 되기는 쉽다.
- 지원 분야에서 본인을 덕후로 포장하라.

알파메일, 알파걸

인간은 본능적으로 '알파메일Alpha Male', '알파걸Alpha Girl'에 끌리는 유전적 심리를 가지고 있습니다. '알파메일'이란 늑대 집단 계층에서 우두머리 수컷을 말합니다. 집단생활을 하는 포유류 사이에는 반드시 그 그룹의 리더가 존재합니다. 인류가 자연환경이나 배고픔의 위협에서 벗어나 더 나은 가치를 추구하고 발전해오면서 일상생활에서의 알파메일 역할은 사라진 것처럼 보이지만, 인간이 포유류인 이상 DNA 속에 각인된 알파메일에 대한 왠지 끌리는 마음은 여전히 존재합니다.

학교에서도 성적이나 싸움 능력과 무관하게 왠지 모르게 친구들의 중심에서 리더 역할을 하는 존재가 있습니다. 회사에서도 직급과 무관하게 조직원들의 숨은 리더 역할을 하는 존재가 있지요. 저 또한 그런 직원은 아무리 직급이 낮아도 왠지 함부로 대하면 안 될 것 같은 느낌이 들어 슬슬 눈치를 보곤 합니다. 본인은 특별히 눈에 띄는 언행을 하지 않아도 왠지 그 주변으로 사람들이 꼬입니다. 크고 작은 의견을 정할 때도 무의식적으로 다들 그의 의견에 주목합니다.

면접을 볼 때도 마찬가지입니다. 특출한 스펙을 가진 것도 아니고 별다른 자기 PR이 없었는데도 '왠지 이 사람을 뽑는 게 맞을 거 같다'라는 느낌을 주는 인물이 있습니다. 면접 자리에 있는 사람들 모두가 비슷한 느낌을 받습니다. 바로 이런 느낌을 주는 인물이 선사 시대에 태어났으면 알파메일, 알파걸인 것입니다.

알파메일은 유전적으로 타고나는 경우가 대부분이라고 합니다. 그래서 어설프게 알파메일의 특성을 따라 하다가는 오히려 주변 사람들에게 불쾌감을 줄 수 있습니다. 하지만 알파메일의 특성을 잘 파악해야 그와 반대 개념인 베타메일이라는 안 좋은 이미지를 주지 않을 수 있습니다. 베타메일은 다른 말로 '찌질이'라고도 합니다. 그냥 이유 없이 호감이 안 가는 스타일이지요. 아무리 스펙이 좋고 하는 말마다 맞는 이야기지만 베타메일, 찌질이라는 사인이 오면 '좋은 인재 같기는 한데, 왠지 우리 회사에는 아닌 것 같다'라는 부정적 느낌이 본능적으로 다가옵니다.

알파메일의 여러 특징 중에서 면접 시 참고할 만한 알파메일의 보디랭귀지들을 한번 알아보겠습니다. 다시 말하지만 여러분이 타고 난 알파메일이 아닌 이상, 이 특성들을 모두 가질 필요는 없고 억지로 따라 할 필요도 없습니다. 하지만 그중 여러분이 자연스럽게 따라 할 수 있는 몇 부분을 연습하고, 또 찌질이처럼 보이지 않을 포인트들을 체크해야 합니다.

- 항상 그룹의 가운데 위치한다.
- 구석에 숨지 않는다.
- 눈을 피하지 않는다.
- 땅을 보지 않는다.
- 이마의 주름을 만들지 않는다.
- 주변을 두리번거리지 않는다.
- 그가 쳐다보는 것은 흥미가 가는 것들뿐이다.
- 팔짱을 끼지 않는다.
- 손을 만지작거리지 않는다.
- 귀, 코, 입 등 얼굴을 만지지 않는다.
- 움직임이 여유 있다.
- 말을 천천히 한다.
- 목소리가 갈라지거나 고음이 아니다.
- 누가 이름을 불렀을 때 지나치게 빨리 반응하지 않는다.
- 재빨리 쳐다보지 않는다.

• 눈이 먼저 돌아가지 않고 턱이 먼저 돌아간 뒤 눈이 따라간다.

하나하나 머리로 암기하고 따라 하려다간 누가 봐도 어색한 티가 나게 마련입니다. 주변에 분명히 이런 특성들을 가진 인물이 있을 것입니다. 가장 효과적인 방법은 그 인물을 머릿속에 떠올려 '내가 그이다' 하면서 그 사람처럼 말하고 행동하려고 노력하는 것입니다.

CHECK POINT ———— 10

• 알파메일의 보디랭귀지를 따라 하라.
• 내가 아는 알파메일과 '빙의'하라.

원만하고 좋은 환경을 강조하라

거슬리는 이야기만 하는 것 같아 저도 미안한 마음 가득합니다. 하지만 이 책의 목적이 채용 과정을 좀 더 바람직한 방향으로 개선하려는 것이 아닌, 구직자 입장에서 더욱 효과적인 취직 기술을 연마하는 데 있음을 다시 한 번 상기해주기 바랍니다. 차후에 여유가 되면 기업과 개인 그리고 사회 전체를 위한 채용 프로세스에 관한 책도 여러분 앞에 선보이겠습니다.

채용 시 여러분을 실수하게 만드는 또 한 가지가 있습니다. 바로 여러분의 성장 배경에 대한 질문입니다. 사회적 통념상 척박한 환경에서 힘든 역경을 이겨낸 사람은 그 이미지가 상당히 긍정적입니다.

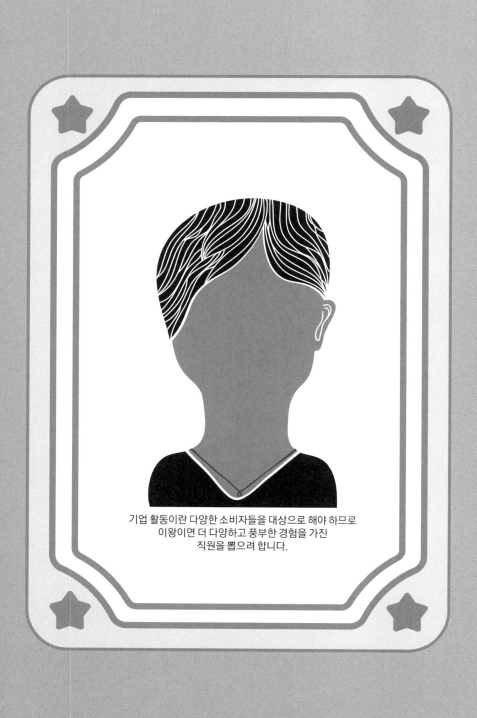

기업 활동이란 다양한 소비자들을 대상으로 해야 하므로
이왕이면 더 다양하고 풍부한 경험을 가진
직원을 뽑으려 합니다.

모두가 장하다, 기특하다며 박수를 쳐주고 칭찬해줍니다. 그런데 기업은 막상 그런 사람의 채용에는 선뜻 결정을 내리지 못하고 머뭇거립니다. 훌륭한 인물이니 이왕이면 우리보다 더 좋은 회사에 취직해서 부디 행복해지길 진심으로 바라지만 우리 회사는 아니었으면 좋겠다고 말합니다.

기업은 이윤 추구를 위한 이기적인 집단입니다. 여러분을 채용하는 사람 역시 돈 벌기 위해 사업을 하는 오너 혹은 그 회사에서 월급 많이 받는 게 목적인 월급쟁이일 뿐입니다. 이들은 본인들이 일하는 데에서 지금보다 더 유쾌해지고 더 편해지기 위해 여러분을 채용하는 것입니다.

불우하고 힘든 과정을 극복해왔다는 여러분의 인생극장 스토리는 여러분의 업무 수행 능력 면에서 플러스가 될 수도 있습니다. 하지만 그보다 더 큰 부분에서 마이너스로 작용합니다. 바로 우리 모두가 가지고 있는 이기심과 편견 때문입니다.

이왕이면 다홍치마라고 새 직원을 뽑는데 좋은 환경에서 티 없이 자란 예쁘고 잘생긴 사람이 오기를 바라는 마음을 여러분은 무조건 비난해서는 안 됩니다. 만에 하나 부잣집 도련님이나 공주님이라면 혹여 일 외적으로도 뭔가 도움받을 만한 일이 있을 것 같기도 하거든요. 또한 대외적으로 우리 회사에 이런 직원이 입사했다고 자랑할 수도 있습니다. 그만큼 내가 다니는 회사가 사람들에게 인기가 있다는 방증이 됩니다.

오너나 경영자 측은 늘 노사관계에 신경을 쓰고 있습니다. 노조가 없는 회사는 노조가 영원히 생기지 않기를 바라고, 노조가 있는 회사는 어떻게 하면 노조의 힘을 약화시킬지 고민합니다. 여러분의 최종 입사 결정은 노동조합원들이 하는 게 아닙니다. 그 반대편 사람들의 결정에 달렸지요. 그래서 노조의 반대편 입장에 있는 그들은 사회에 대해 아무런 불만도 문제의식도 없는 무난한 사람이 입사하기를 바랍니다. 매사에 만족하고 부족한 것이 없는 사람이기를 바랍니다. 또 경험적으로 그런 사람들이 얼굴색도 더 밝고 긍정적인 에너지를 조직에 불어넣는다 믿고 있습니다.

척박한 환경에서 힘든 역경을 이겨낸 지원자를 접하면 머리로는 공정한 잣대로 평가해야 한다고 생각하지만 마음은 그렇지 않습니다. 왠지 그 고통의 시간을 이겨내는 동안 사회에 한이 맺혀 있을 것 같기도 하고 그 때문에 표정 또한 어두워 보입니다.

무엇보다 풍요로운 환경에서 자라온 지원자들은 그렇지 못한 환경에서 자란 사람들보다 여행, 쇼핑, 사교 활동 등 사회 전반적인 경험이 더 많을 것 같다는 선입견도 한몫합니다. 기업 활동이란 다양한 소비자들을 대상으로 해야 하므로 이왕이면 더 다양하고 풍부한 경험을 가진 직원을 뽑으려는 건 당연합니다.

오너 그리고 연배가 좀 있는 임원들은 '기운'이나 '운세' 등을 믿는 경우가 많습니다. 이런 사람들은 좋은 기운을 가진, 좋은 운대를 타고난 직원이 입사하면 회사도 그 영향을 받아 운이 좋아질 수 있다고 생각합니다. 그래서 고위직 임원을 뽑을 때 점쟁이를 찾아가 의견을 듣는 오너들도 꽤 있습니다. 좋은 기운을 타고나서 인생이 술술 잘 풀려온 직원에게 더 마음이 가는 것이지요. 싸우고 투쟁하고 경쟁하느라 피투성이가 되어 이 자리에까지 온 지원자는 미안하지만 다른 회사에게 양보하고 싶어집니다.

결국 요지는 지나온 과거를 부정하거나 거짓으로 꾸며내라는 것이 아니라, 말해봤자 도움 안 되는 이야기는 굳이 하지 말라는 것입니다. 면접장에서, 물어보지도 않았는데 힘들었던 과거를 필요 이상으로 구구절절 늘어놓는 이들이 있습니다. 이런 면접자들의 자기소개서에는 소제목 타이틀을 비롯해서 자기가 과거에 얼마나 고생했고 어떻게 그것을 이겨냈다는 이야기가 너무 많습니다.

거듭 강조하지만 면접의 최종 목적은 면접관들에게 여러분의 밝고 좋은 이미지를 남기는 것입니다. 사회적 보편타당성을 내세워서 이기고 설득하는 법정이 아닙니다. 여러분의 채용에 도움이 될 만한 정보만 드러내고 그에 따른 이야기만 하세요.

최소한 그때만큼이라도 우리 사회가 가지고 있는 편견, 선입견 들을 받아들여야 합니다. 특정 지역에 대해 거부감을 보이는 회사라면 고향을 굳이 이야기할 필요 없습니다. 아버지의 직업이 혹시나 좋지 않은 선입견을 줄 만하다고 생각되면 아예 함구하든지 다르게 둘러대십시오. 면접이 신앙고백을 하고 순교 당하는 종교재판 자리는 아니지 않습니까? 여러분은 우리 사회에 만연한 선입견을 비판할 것

이 아니라 오히려 그것을 여러분한테 유리하게 역으로 이용할 생각
을 해야 합니다.

CHECK POINT ——— 11

- 도움이 되지 않을 것 같은 어두운 이야기는 꺼내지도 말라.
- 만일 좋은 환경에서 자랐다면 그 점을 강조하라.

지원 회사의
조직문화를 파악하라

지금까지 한 이야기들은 어떻게 하면 여러분을 호감 있어 보이게 포장하느냐에 대한 것이었습니다. 이제 어떻게 하면 여러분이 채용 과정에서 탈락할 수 있는지를 설명하겠습니다. 앞서 잠시 기술했지만 대부분의 기업에 공통적인 채용 기준이 있습니다. 첫째가 업무 적합도이고, 둘째가 인성이고, 셋째가 기업문화·조직문화 적합도 입니다. 이 중에서 최근 강조되고 있는 것이 바로 기업문화·조직문화 적합도입니다. 회사 규모가 크면 클수록 지원자의 조직문화 적합도가 채용 평가에서 차지하는 부분이 커집니다.

기업에는 인사팀이 있고 조금 더 규모가 큰 기업은 추가적으로 조

One team

최근 들어 강조되고 있는 것이 바로
기업문화·조직문화 적합도입니다.
회사 규모가 크면 클수록 지원자의 조직문화 적합도가
채용 평가에서 차지하는 부분이 커집니다.

직문화팀이 있습니다. 기업이 선진화될수록 오너가 가장 신경 쓰는 부분이 바로 이 기업문화·조직문화입니다. 사실 개인적으로 요즘 같은 시장 상황에서는 사치스러운 조직이라고도 생각합니다만, 지난 10년간 기업마다 너도 나도 유행처럼 이런 조직을 만들었습니다. 생긴 지 얼마 되지 않은 데다 꽤 많은 수의 팀원들로 구성된 조직이기 때문에 뭔가 일을 벌여야만 그 조직의 밥그릇이 유지됩니다. 그래서 이 팀의 구성원들은 여기저기서 외부 강의를 듣고 국내외 타사들의 자료들을 조사해서 조직문화를 만들고 그에 합당한 인재상을 설정합니다. 그렇다고 좋은 이야기만 두리뭉실하게 써놓으면 일한 티가 나지 않기 때문에 남들과는 다른 해당 회사만의 차별화된 조직문화와 인재상을 만듭니다. 이 자료를 근거로 조직의 비전을 선포하고 그룹의 슬로건을 만들지요.

저는 이런 접근이 현실적이지도 않고 비용적 측면에서 낭비라고 생각합니다만, 많은 기업이 이렇게 움직이고 있는 이상 이런 문화를 무시할 수는 없는 노릇입니다. 조직문화팀은 평소에는 조직원들을 대상으로 외부 강사 초빙 강연이나 자체 제작한 동영상 등을 활용해 조직문화 교육을 합니다. 아는 이들은 진즉 다 알겠지만 실상 직원들의 반응은 별로 신통치가 않습니다. 이미 다들 머리가 굵은 사람들인데 그들을 데려다놓고 행복이란 이렇다는 둥 개인의 가치는 저렇다는 둥 회사생활과 개인의 행복을 억지로 연관시키는 강의로 공감을 이끌어내기란 사실상 무리이지 싶습니다. 실제 그 자리에 가서 보면 스마트폰을 보거나 꾸벅꾸벅 조는 직원이 대부분이지요.

이렇게 평소 찌그러져 있던 조직문화팀이 드디어 신나서 목소리를 크게 내는 때가 있습니다. 바로 직원 채용 시기입니다. 채용 커리큘럼을 짜는 것은 물론 서류 검토, 면접 등 모든 업무를 주관합니다. 이 조직은 지원자를 실무적으로나 인성적으로 평가하는 부분에서는 그것이 실무 부서나 해당 임원들의 몫이기에 관여하지 못하지만 기업문화·조직문화 적합도의 항목에서는 가장 큰 영향력을 행사합니다. 사실, 조직문화 적합도라는 것은 지원자를 평가하는 데에서 플러스 점수를 주는 항목이 아닙니다. 본인은 거기에 적합한 인재라고 어필해보았자 어차피 플러스 점수를 받기는 어렵습니다. '아주 적합하다'라는 개념은 꼬집어 말하기 어렵지만 '적합하지 않다'라는 말은 하기 쉽기 때문입니다. 그러므로 여러분은 지원하는 회사의 기업문화를 사전조사한 후, 거기에 적합하지 않은 모습을 보이지 않도록 주의해야 합니다. 조직문화 적합도 항목은 배점을 주는 곳이 아니라 OX 체크 항목이기 때문입니다.

예컨대 GS나 LG 같은 회사의 경우는 정도경영이 상당히 중요한 조직문화입니다. 이 회사는 일을 잘하는 것보다 일하는 과정, 즉 어떻게 하느냐에 더 관심이 많습니다. 아무리 회사에 단기적으로 이익이 되는 일이라도 그 과정이 정의롭지 못하다면 장기적으로 회사에 더 큰 손실을 끼친다 믿고 있습니다. 따라서 여러분의 이력서나 자기소개서, 면접 내용에는 절대로 '정도'에서 벗어난 내용이 들어가면 안 됩니다.

롯데나 SK는 조금 다른 기업문화를 가지고 있습니다. 부정한 방법으로 돈을 벌라는 이야기가 아니라 각자 가장 강조하는 기업문화가 GS나 LG의 것과는 다르다는 의미입니다. SK는 '행복'을 강조합니다. 롯데는 '가치'를 추구합니다.

이랜드그룹에는 어떤 기업문화가 있을까요? 이랜드는 기독교 회사만의 독특한 기업문화와 인재상이 있지요. 그렇다고 해서 이랜드에 들어가기 위해 "나는 모태신앙이다", "매일 새벽기도회에 나간다", "내가 이랜드에 입사하는 것도 모든 영광을 하나님께 돌리기 위해서다"라고 얘기하면 그게 여러분의 채용에 도움이 될까요? 단언컨대 절대 그렇지 않습니다. 오히려 기회주의자 같다는 나쁜 인상을 줍니다. 혹시 이랜드그룹에 지원한다면 여러분이 기독교의 핵심 덕목에 위배되는 모습을 보이고 있지는 않은지를 가장 신경 써야 합니다. 기독교 덕목 중 가장 중요한 것이 바로 '사랑'과 '용서'입니다. 아무리 원하는 목적을 달성하기 위해서, 남보다 더 앞서가기 위해서였다고 해도 정당하지 않은 방법이나 무자비한 태도가 티 나는 사람은 이랜드에서 뽑지 않을 것입니다.

사실, 혹시 이런 기업문화가 본인과 맞지 않다고 생각된다면 아예 처음부터 지원하지 않는 것이 현명합니다. 이런저런 잔머리를 굴려 그 회사에 입사한들 맞지도 않는 조직문화에 적응해 살아간다는 건 정말 고된 일입니다. 지원 회사의 기업문화·조직문화를 미리 파악하고 그 문화가 감당할 만한 것인지를 판단하는 것이 먼저입니다. 여러분이 생각하는 것 이상으로 우리나라에는 특정 종교 집단에서 운영하는 기업도 많고 지역색이 강한 회사도 많습니다. 실제로 출신 지역이 오너의 출신 지역과 다른 곳인 직원들은 오너와 같은 지역 출신 직원보다 승진이 느린 경우도 많습니다. 아무래도 오너 입장에선 동향의 특색이 많이 보이는 직원이 평소 미워하던 지역의 성향을 보이는 직원보다 예뻐 보이지 않겠습니까? 이 점 역시 여러분이 이해해야 합니다. 똥이 무서워서 피하는 게 아니라 더러워서 피한다죠? 사서 마음 고생할 필요가 없습니다. 사전에 철저히 조사해서 피할 곳은 피하고, 본인을 더 매력적으로 어필할 수 있는 곳을 찾아가면 해결되는 일입니다.

CHECK POINT ——— 12

- 지원 회사의 조직문화 · 인재상을 미리 조사하라.
- 모든 서류나 면접 과정에서 거기에 위배되는 항목이 있는지 확인하라.
- 본인과 기업문화가 맞지 않는다고 생각되는 회사에는 아예 지원하지 마라.

CHAPTER   TECHNOLOGY OF EMPLOYMENT   FREE PASS TICKET

3

서류전형

서류전형의 최종 목적은
탈락하지 않는 것이다

　여러분이 꼭 알아야 할 것 중 하나가 바로 서류전형과 면접의 차이점입니다. 서류전형의 목적은 걸러내는 것이고, 면접의 목적은 결정하는 것입니다. 서류전형은 대부분 인사 담당 실무자들의 몫이고, 면접은 최종 의사결정권자의 몫입니다. 물론 규모가 큰 기업의 경우엔 최종 면접 전에 실무팀장 면접이 있기도 합니다만, 서류전형의 진행 과정은 어느 곳이나 같습니다. 최종 인사 결정권자가 아닌 인사 담당자가 입사에 결격 사유가 있는지 지원자를 체크하고 걸러내는 과정에 불과합니다.

　일반적으로 대기업의 인사부장이라고 하면 채용 과정에서 상당한 힘을 가진 것처럼 생각되지만 실상은 당락 결정에 큰 영향력을 행사하지 못합니다. 지원자의 서류상에서 누가 봐도 명백한 결격 사유를 찾아내어 탈락시키는 것이 첫 번째 일이고, 입사가 확정된 이후에 진행되는 업무들 예컨대 입사자의 연봉이나 복리후생에 대한 협상이 나머지 일들입니다. 사실, 이런 업무도 최종 의사결정권자와 입사자 사이의 의견을 전달하는 메신저 역할에 불과하지만요.

기업마다 조금씩 사정이 다를 수 있습니다만, 인사팀의 역할이 좀 더 큰 기업의 경우엔 1차 서류전형을 통과한 이력서에 인사팀의 의견을 첨부하는 경우도 있습니다. 하지만 실제 오너나 임원 면접 시 인사팀 의견은 여러 참고 사항 중 하나에 불과합니다. 그렇기 때문에 인사팀이 첨부하는 의견이란 이래서 좋다는 내용보다는 '이 구직자는 이러이러한 단점이 있으니 판단에 참조하십시오'라는 부정적 내용이 대부분입니다. 그러므로 1차 서류전형에서는 무조건 티를 잡히지 않는 것이 중요합니다.

인사팀 고유 권한으로 지원자를 탈락시키려면 나중에 윗사람이 물어보더라도 떳떳하게 그 이유를 설명할 수 있을 객관적 근거를 발견해야만 합니다. 그래서 이 판단은 명확한 기업 내부의 가이드라인에 따라 진행됩니다. 여러분은 서류전형에서 이 가이드라인만 피해가면 됩니다.

가장 먼저 체크하는 것이 사진 상태입니다. 당연한 이야기이겠지만 스마트폰으로 대충 찍은 사진은 단순 판매직이 아니고서는 합격

을 기대하기 어렵습니다. 과도하게 포토샵 처리된 사진도 마찬가지입니다. 요즘은 3만 원만 주면 전문 사진관에서 검은 천을 배경으로 점잖은 조명 아래서 그럴듯한 프로필 사진을 찍을 수 있습니다. 사진 역시 더 잘 보이려고 찍는 것이 아니라 티를 잡히지 않게 찍는 것이 중요합니다. 실제 모습보다 너무 잘생기고 예쁘게 나온 사진을 올리면 면접 자리에서 면접관들이 괜한 실망을 하겠지요. 별것도 아닌 걸로 불필요하게 속았다는 느낌을 주기보단 이왕이면 가장 본인다운 모습의 사진이 좋습니다.

그다음으로 채용 공고에 올라온 지원 자격과 비교해 결격 사유가 있는지를 체크합니다. 가장 좋은 건 본인의 조건에 맞는 채용 공고에 지원하는 것입니다. 하지만 만일 본인의 조건이 채용 기준치에 살짝 못 미치는 항목이 있다면 거짓말을 하지 않는 범위 내에서 일단 지원 조건에 맞게 다소 조정할 필요가 있습니다. 예컨대 해당 업무 관련 경력이 몇 년 이상이라는 조건에 본인의 커리어가 조금 못 미치는 경우가 있겠네요. 이런 경우, 꼭 직접적으로 관련은 없지만 다른 유사한 경력을 붙임으로써 내용을 조금 조정하여 어떤 식으로든 관련이 있었던 것처럼 표현하는 것은 크게 문제되지 않습니다. 그 점이 정 마음에 걸린다면 나중에 면접 자리에서 솔직히 이러이러하다 설명하면 충분히 양해를 얻을 수 있습니다. 면접 자리에서는 그런 사소한 지원 자격 조건보다 다른 것들이 훨씬 더 중시되기 때문에 대수롭지 않게 넘어가는 경우가 많습니다. 하지만 인사팀은 무조건 사전에 정해놓은 잣대로 탈락자들을 걸러내려고 하기 때문에 아무리 작은 부분이라도 지원 자격에 미달되는 조건이 발견되면 기계적으로 탈락시킨다는 사실을 알아야 합니다.

인사팀이 서류전형에서 또 하나 주의 깊게 체크하는 부분이 지원자의 거짓말이 섞였느냐입니다. 따라서 절대로 없는 경력을 만들어내거나 숫자를 꾸며내서는 안 됩니다. 이력을 조정하는 데에서 생략과 과장까지는 용인되지만 그 이상을 벗어나는 것은 금물입니다.

생략에 대한 부분도 많은 지원자가 오해하는 것 중 하나입니다. 입사 지원자들의 경우엔 특히 별것도 아닌 경력이나 자격증을 한도 끝도 없이 늘어놓는 경우가 많습니다. 신입이라 별다른 업무 경력이 없기 때문에 그 마음은 이해되지만, 채용 의사결정에 도움되지 않는 정보는 아예 쓰지 않는 편이 더 좋습니다. 운전면허증부터 시작해서 인터넷 검색사같이 중요하지도 않은 자격증들을 줄줄이 나열한 이력서를 보면 '이 사람은 별로 내세울 게 없는가 보다'라고 생각하게 마련입니다. 그 나열된 자격증 중 정말 따기 어렵고 기업에 필요한 자격증이 있더라도 수많은 자격증들 사이에 끼어 있어 눈에 잘 띄지도 않고 같은 도매급으로 여겨지기 쉽습니다.

인턴 경력도 마찬가지입니다. 대기업 신입 공채에 지원하는 이들 중 간혹 경력 항목에 직접적으로 관련된 인턴십 내용이 아니라 전혀 관계없는 업종에서 판매직 아르바이트를 한 경험들까지 죄다 적는 지원자들이 있습니다. 이 역시 좋은 이미지로 보일 리가 없습니다. 차라리 신입이니까 깨끗하게 비어 있는 편이 훨씬 낫습니다. 경력직의 경우도 마찬가지입니다. 특히 초반 직장 경력을 다소 떨어지는 네임 밸류에서 시작한 이들의 경우, 경력 사항을 굳이 처음부터 모두 다 적을 필요가 없습니다. 지원 자격 조건을 맞추기 위해 꼭 필요한 것이라면 어쩔 수 없지만 그렇지 않은 경우에는 어느 정도 알려진 직장을 다닌 시점부터 적는 편이 더 좋게 비칠 수 있습니다. 번듯한 경력 사이에 갑자기 전혀 알려지지도 않은 구멍가게 수준의 직장 경력이 끼어 있는 상황 역시 이력서상에서는 일단 정리하는 게 좋습니다. 그러나 인사 직원이 전화가 와서 비어 있는 공백 경력 기간에 대해 물어본다든지 면접상에서 그와 관련된 질문을 받으면 "아, 거긴 제가 아는 분이 좀 도와달라고 하여 잠시 도와드린 기간이라서 이력서에는 특별히 기술하지 않았습니다" 하는 식으로 대답하면 큰 문제없이 넘어갈 수 있습니다. 이렇듯 일단 서류전형은 떨어지지 않도록 주의하는 것이 지상 최대의 목적입니다. 일단 면접으로 넘어가야 그다음이 있지 않겠습니까?

CHECK POINT ——— 01

- 서류전형의 최종 목적은 떨어지지 않는 것이다.
- 지원 조건에 미달되는 부분이 있으면 과장하고 덧붙이고 끼워 맞추더라도 무조건 서류상 조건은 충족시켜야 한다.
- 채용에 도움이 되지 않는 경력이나 자격증은 과감하게 생략하라.

반드시 면접을
보고 싶게 만들어라

    대기업의 경우 1차 서류전형은 인사팀의 고유 영역이지만, 조금 작은 기업의 경우에는 실무팀에서 서류전형에 참여하기도 합니다. 인사팀이 아예 없는 더 작은 기업은 사장이 직접 서류전형을 보기도 합니다. 그래도 역시 서류전형에서의 궁극적 목표는 떨어지지 않는 것이지만 이런 경우에는 서류상에서 조금 더 본인을 어필할 필요가 있습니다. 회사 규모가 작으면 작을수록 서류전형이 떨어뜨리기 위한 소극적 과정이 아니라 면접 볼 사람을 고르는 적극적 과정으로 그 성격이 변한다는 것을 꼭 명심해야 합니다.

    즉, 어떤 규모의 회사에 지원하느냐에 따라 이력서의 내용이 바뀌어야 합니다. 만일 규모가 아주 작은 회사에 지원한다면 면접 볼 사람을 사장이 직접 고른다고 생각하는 게 안전합니다. 이 경우 이력서는 떨어지지 않기 위한 것이 아니라 면접으로 이어지게 하는 것이 목적입니다. 즉, 사장으로 하여금 '이 사람 직접 한번 만나보고 싶다!'라는 마음이 들게 하는 것이지요. 면접관이 서류전형에서 여러분에게 이런 호감을 가졌다면 실제 면접에서 다른 지원자들보다 훨씬 더 많은 기대와 관심을 가지고 여러분을 대할 것입니다.

이런 마음이 들게 하려면 어떻게 해야 할까요? 물론 인물이 좋고 스펙이 좋으면 누구나 직접 만나보고 싶은 마음이 들겠지요. 하지만 특별히 내세울 스펙이 없는 경우라면 어떻게 해야 할까요? 첫 번째, 호기심을 유발하는 요소들을 이력서와 자기소개서 곳곳에 첨가해야 합니다. 지원 부서와 관련된 업계의 최신 정보나 궁금해할 법한 경쟁사의 정보, 비슷한 업태의 해외 사례 같은 실무적 내용들을 적으면 가장 효과가 좋습니다.

만일 이런 고급 정보들을 모른다면 그다음으로 생각해봐야 할 부분은 바로 취미, 특기입니다. 어느 이력서나 공통적으로 취미란 및 특기란이 있습니다. 그리고 참으로 많은 이가 이곳에 독서, 음악 감상, 등산, 자전거 중 하나를 적습니다. 이력서는 누가 더 빈칸을 많이 채웠는지 경쟁하는 답안지가 아닙니다. 제한된 질문, 제한된 공간 안에서 누가 더 매력적인지를 놓고 경쟁하는 문서입니다. 취미란에 독서라고 적은 지원자는, 그렇게 적으면 본인이 정말 매력적으로 보일 것이라 생각한 걸까요? 예전부터 정말 궁금했던 사항입니다. 혹은 아무 생각 없이 그냥 음악 감상이라고 쓴 걸까요? 그렇게 중요한 이력서에 그토록 안일하게 빈칸을 채우는 사람을 어찌 직원으로 채용해서 일을 맡길 수 있을까요? 차라리 좋아하는 음악 장르라도 구체적으로 언급하면서 취미가 음악 감상이라고 하면 '이 사람은 정말 음악을 좋아해서 그렇게 적었나 보다'라고 이해하겠지만요. 아무리 사소한 취미라도 뭔가 면접관의 관심을 끌 만한 거리를 적어야 합니다. 정말 마땅히 쓸 만한 취미가 없다면 차라리 '시장조사하기', '매장에서 손님 관찰하기', '엉뚱한 상상하기' 같은 다소 황당하면서도 면접관의 호감을 끌 만한 것을 기재하는 편이 좋습니다.

한 가지 팁을 제공하자면 취미란에 '승마'라고 쓰는 것입니다. 승마는 상당히 매력적인 단어입니다. 일단 단어 자체가 생소하고 이미지가 귀족적입니다. 여러분의 스펙이나 외모가 그리 세련되지 않았더라도 취미란에 일단 승마를 기입하면 여러분을 다시 보게 됩니다. 꾀죄죄한 남자도 서울대 나왔다고 하면 평범한 행동거지 하나하나가 똑똑해 보이는 것과 같은 원리입니다.

그럼 태어나서 구경도 못해본 승마를 취미란에 적어도 괜찮을까요? 당연합니다. 승마를 해보면 되거든요. 과거 승마는 귀족 스포츠라서 회원제로만 운영되었습니다. 하지만 최근 쿠폰제로 운영하는 퍼블릭 승마장이 꽤 많이 생겼습니다. 쿠폰이 부담되면 오만 원 정도 주고 일일권을 끊어도 됩니다. 처음 몇 번은 묶여 있는 말을 타고 우

호기심을 유발하는 요소들을 이력서와
자기소개서 곳곳에 첨가해
뭔가 면접관의 관심을 끌어야 합니다.

리 안에서 뱅글뱅글 도는 연습을 합니다. 하지만 바지라도 하나 사면서 승마장 사장님에게 부탁하면 젊은 사람의 경우 금방 야외 필드에서 말을 타도록 허락해줍니다. 초보자용 말은 순하고 말을 잘 듣기 때문에 큰 걱정 안 해도 됩니다. 야외 필드에서 간단하게 말달리는 법, 멈추는법, 속보, 구보를 배우는 데 길어야 두세 시간 걸립니다. 물론 말을 더 잘 타기 위해서는 수개월의 연습 시간이 필요하겠지만 일단 입으로 "쯧쯧" 하면서 말을 모는 요령만 터득해도 어디 가서 취미가 승마라고 당당하게 말할 수 있는 것입니다.

승마를 꼭 하라는 것이 아닙니다. 제가 말하는 채용의 원리를 이해해야 합니다. 만일 여성 지원자가 취미란에 '수상스포츠'라고 적으면 어떤 반응이 일어날까요? 수수한 사진의 주인공이 그렇게 적으면 '음, 생각보다 활동적인 친구군'이라고 생각되겠지만 진한 화장에 화려한 외모의 여성 지원자가 그렇게 썼다면 또 다른 선입견이 발동합니다. '이 친구 이거 좀 노는 사람 아니야? 회사 오래 다니겠어?' 같은 생각이 들게 마련입니다. 앞서 거듭 설명했듯이 채용은 선입견의 싸움입니다. 예를 들어 태권도가 취미인 사람은 왠지 좀 단순하고 순박할 것 같은 인상을 줍니다. 좀 더 노골적으로 얘기하면 머리가 좋아 보이지 않습니다. 그런 사람은 마케팅이나 전략 부서 같은 곳엔 어울리지 않아 보이지요. 대신 점포를 관리하는 영업관리직으로는 적당하다고 생각합니다.

'바둑'은 예민하면서 과묵한 사람이 연상됩니다. 영업 부서처럼 적극적이고 활동적인 덕목을 요구하는 직종에는 어울리지 않지요. 대신 꼼꼼함을 요구하는 재무팀이나 분석을 요구하는 마케팅 부서와는 잘 어울릴 것 같습니다. 취미가 '명상'이나 '단전호흡'이라고 적은 사람은 어떨까요? 왠지 가까이하고 싶지 않습니다. 그냥 이상한 사람 같다는 생각이 먼저 듭니다.

이렇듯 본인이 지원하는 회사나 부서에 따라 취미란의 내용을 다르게 채워야 합니다. 단, 뻔한 내용이 아닌 상대방의 호기심을 이끌어낼 수 있는 것으로 골라야 합니다.

두 번째 방법은 패를 다 보여주지 않음으로써 상대방의 궁금증을 유발시키는 것입니다. 특히 자기소개서 부분에서 활용할 수 있는 방법입니다. 뭔가 흥미진진한 이야기를 하되 기승전결, 자초지종을 죄다 열거하지 않습니다. 상대방이 몰입해서 읽다가 서둘러 마무리된 이야기에 더 궁금증이 증폭되도록, 그래서 이 사람은 한번 만나서 이야기를 더 자세히 들어보고 싶은 마음이 들도록 해야 합니다. 지원 회사에 대한 이야기는 늘 관심을 끄는 좋은 소재입니다. 지원 회사의 문제점 혹은 경쟁사가 더 잘하고 있는 부분을 이야기해도 좋습니다. 남들이 회사를 어떻게 생각하고 뭐라고 얘기하며 평가하는지도 관심을 끌 수 있는 좋은 소재입니다. 하지만 그 자리에서는 '이런 문제가 있는데 나 같으면 이러이러하게 해결하겠다'라고 결론까지 전부 말해버리면 읽는 중간에 김이 팍 새버립니다. 그리고 결론이라고 언급한 것이 현실감 없는 내용이라면 오히려 기분만 잡치고 점수만 깎아 먹습니다. 서류전형상에서는 문제 제기만으로도 충분합니다. 더 좋은 건 '나 같으면 이런 방향에서 접근하겠다'라고 힌트만 살짝 주는 것이지요. 이런 자기소개서의 주인공은 일단 만나보지 않고는 못 배깁니다.

본인이 겪은 신기한 경험이나 독특한 체험을 얘기하는 것도 좋습니다. 일단 지원자의 다양한 경험 스펙트럼을 과시할 수 있어 좋고, 또 개인적으로 만나서 그 이야기를 더 자세히 듣고 싶은 마음이 들게 만드는 효과도 있습니다. 면접을 하기 싫은 귀찮은 일처럼 여기는 임원들도 있지만 또 한편 새로운 사람을 만나고 새로운 이야기를 듣는 유쾌한 경험으로 즐기는 임원들도 많기 때문입니다. 특히 오너 입장에서 채용이라는 과정은 축제와도 같습니다. 사세가 확장되는 증거이기도 하고 얼마나 많은 사람이 지원하는지에 따라 회사의 브랜드 인지도나 호감도를 측정하는 바로미터가 되기도 합니다. 이 축제 기간에 지루하고 어두운 이야기로 면접 시간을 우울하게 만들기보다 새롭고 흥미진진한 이야기로 분위기를 '업'시키는 지원자에게 호감이 더 가는 건 당연한 원리입니다.

1차 서류전형 통과가 어느 정도 자신 있는 사람은 한 단계 더 나아가서 이력서, 자기소개서 곳곳에 2차 면접 시 본인을 유리하게 포장하는 데 도움되는 질문을 유도하기 위한 밑밥을 깔아놓아야 합니다.

예를 들어 '나를 경쟁력 있는 사람으로 만들어준 것들'이라는 제목을 쓰고 그 아래 다소 난해해 보이는 단어들을 배열합니다. 가령 니체, 밥말리, 모네의 수련 3부작, 현대카드, 어제 소셜커머스에 뜬 무슨 무슨 딜 등등……. 이런 식으로 단어만으로는 무슨 뜻인지 알 듯 모를 듯한 말들을 열거합니다. 면접을 보게 되면 면접관은 분명히 이런 단어들을 왜 적었냐고 질문할 것입니다. 그때 여러분은 미리 준비한 답변을 하면 됩니다.

또는 자기소개서에 회사에서 요구하지도 않은 새로운 질문 항목을 하나 만들어 '자사 제품의 장단점 분석'이라는 타이틀을 달고 본인이 생각한 결론들을 소제목만 적어놓을 수도 있습니다. 그 내용이 맞든 틀리든 간에 면접 자리에서 면접관들이 그 내용에 대한 이런저런 질문들을 많이 할 것입니다. 왜 그런 생각을 하게 되었는지를 묻거나 본인의 의견을 오히려 여러분에게 설득시키려는 면접관도 있을 것입니다. 이런 질문들을 즐기면서 여러분의 능력을 어필할 수 있는 준비된 답변만 하면 됩니다. 맞고 틀리고는 중요하지 않습니다. 이곳은 정답을 도출하는 전략회의 장소가 아니거든요. 내가 이만큼 매력적인 인물이라는 것, 그 좋은 이미지를 남기는 곳이지요.

　포트폴리오를 작성할 때도 완성된 작품 이미지만 넣을 것이 아니라 본인이 어필하고 싶은 경험이라든지 참여했던 프로젝트의 부분적 이미지만 넣어도 좋습니다. 만일 포트폴리오상에서 각각의 항목마다 이건 뭐고 저건 뭐라고 자세하게 설명해버리면 면접관은 다 이해했다고 생각하고는 더 이상 질문을 안 하게 됩니다. 사진만 봐서는 뭘 이야기하려는지 잘 파악이 안 된 상태에서 호기심을 자극하는 이미지들이 많이 삽입되어야 실제 면접 시 이건 무슨 사진이냐는 질문을 자연스럽게 유도할 수 있습니다. 질문을 많이 받아야 말할 시간도 늘어납니다. 흥정은 오가는 말이 많아질수록 성사 가능성이 높아집니다. 자동차를 살 때도 짧은 시간 동안 가격 흥정하고 바로 가게 문을 나서는 것보다는 점원과 살 듯 말 듯 한참 대화를 해야 "그럼 다음에 살게요"라며 가게를 떠나는 손님을 잡을 확률이 높아집니다. 파는 입장에서도 그만큼 정성을 들여 오랫동안 본인의 시간을 많이 투자했기 때문에 손님이 떠났을 때 텅 빈 공간에 빈손으로 남는 허탈감의 고통이 더 크게 느껴지니까요. 그래서 '에이 그냥 조금만 남기고 싸게 팔자'라는 마음이 들게 마련입니다. 《협상의 법칙》이라는 책에 나오는 유명한 사례이지요. 면접관들의 심리도 마찬가지입니다. 본인들이 오랜 시간 동안 질문한 면접자를 바로 탈락시키자면 '이제껏 내가 뭐했나, 왜 시간 낭비를 했지?' 하는 자괴감에 빠지게 마련입니다 그러니 이왕이면 본인의 자존감을 지키고 싶은 마음 때문에라도 긍정적으로 지원자를 평가하려 합니다. 최대한 더 많은 질문을 유도하는 것이 자기소개서의 중요한 미션입니다.

CHECK POINT ——— 02

- 면접관의 호기심을 자극할 내용을 써라.
- 취미란을 최대한 활용하라.
- 면접 시 본인에게 유리한 질문을 유도해낼 만한 내용을 써라.

반드시 지원 회사를 위해 특별히 쓴 맞춤형 자기소개서를 선보여라

서류전형에서 호감과 비호감을 가르는 가장 중요한 요소는 바로 지원자의 자기소개서가 우리 회사 입사를 위해 특별히 쓴 문서인지 아니면 여기저기 수십, 수백 곳에 뿌리려고 쓴 카피 앤드 패이스트 Copy and Paste 문서인지의 여부입니다. 만일 후자인 경우, 즉 여기저기 다 뿌리려고 쓴 티가 나는 경우엔 그 내용이 화려하고 매력적일 수록 읽는 이의 기분이 더 상합니다. 마치 선보는 자리에 나온 상대방 여자가 눈에 띄게 화려한 화장과 짧은 미니스커트 차림으로 다른 남자들을 흘깃거리는 상황이랄까요? 참 황당하죠! 입장을 조금만 바꿔 생각해보면 너무나도 당연한 원리입니다.

이렇게 간단한 상식적 원리를 이해하지 못하는 이들이 어쩌면 그리도 많을까요? 매번 채용 때마다 대부분의 자기소개서들이 누가 봐도 공통적으로 쓴 티가 나는 내용으로 채워져 있습니다. 그나마 조금이라도 성의를 보였다는 수준이 특정 회사에 대해 단 몇 줄 언급하는 정도입니다. 아마도 그 부분만 지원하는 회사에 맞게 바꾼 것이겠지요. 간혹 가뭄에 콩 나듯이 맞춤형 이력서를 발견할 때가 있습니다. 과장하는 것이 아니라 이런 이력서를 보면 눈이 번쩍 떠집니다. 지원자의 스펙이나 자기소개서 내용이 훌륭하냐의 여부를 떠나 이력서를 읽는 내내 그 시간이 즐겁습니다.

서류전형에서 여러분이 쓴 글들을 기업이 전부 다 읽는다고 생각한다면 큰 오산입니다. 거짓말 조금 보태서 말하자면 대부분 10퍼센트도 채 읽지 않은 상태에서 탈락 여부가 판가름 납니다. 서류전형에 통과된 경우도 면접관이 그 내용을 면접 전에 미리 다 읽어보지는 않습니다. 일단 이력서가 너무 많을뿐더러 마음먹고 읽으려 해도 거의 다 비슷비슷한 내용들인 데다가 공통된 내용으로 작성된 티가 나는 글이니 성의 있게 읽을 기분이 들지 않습니다. 그러다 보니 면접 자리에서 비로소 처음 서류 내용을 접하는 경우가 많지요.

그래서 '우리 회사만을 위해 특별히 맞춤형으로 쓴 이력서'는 그 가치가 더 돋보일 수밖에 없습니다. 이런 지원자들의 글에는 우선 회사에 대해 많이 알고 있다는 티가 납니다. 언제 생겨서 어떤 시련과 기회를 겪으며 지금에 이르렀는지 그 히스토리를 속속들이 알고 있습니다. 특히 오너에 대한 정보나 의견이 포함되어 있는 경우에는 상당히 흥미롭지요. 오너 입장에서는 밖에서 사람들이 본인을 어떻게 생각하는지 듣는 것은 늘 흥미롭거든요. 또한 직원들도 자기 회사 오너의 이야기에 관심이 많고 또 그런 언급이 있는 이력서는 아무래도 조심스럽게 취급해야만 할 것 같은 기분이 듭니다. 그런 걸 다 떠나서 일단 회사를 조사하고 고민한 성의가 있다는 점에서 다른 지원자들보단 큰 점수를 따고 들어가는 것이지요.

그리고 왜 다른 곳이 아닌 우리 회사에 꼭 입사하고 싶은지에 대한 내용이 들어가 있습니다. 막연하게 '나의 꿈을 펼칠 수 있는 곳이다'라는 뜬구름 잡는 이야기가 아니라 구체적이고 이성적으로 왜 입사하고 싶은지가 기록되어 있습니다. 그래서 '읽어보니 나 같아도 그런 배경, 그런 상황이라면 우리 회사에서 일해보고 싶겠군' 하는 마음이 듭니다.

더 나아가 '나의 성장 과정, 교육 과정, 사회 경험이 지금 와서 생각해보면 귀사에서 경력을 시작하기 위해 준비되었던 것 같다'라며 운명론적 주장을 하는 경우도 있습니다. 또는 '귀사 입사를 위해 어릴 적부터 이러이러한 경험을 하고 저러저러한 이력을 쌓아왔다'라고 말하는, 약간은 스토커 같은 이야기를 하는 지원자도 있습니다. 뭐든 너무 지나치면 해가 된다고 극단적 태도는 좋지 않습니다만, 아무 생각 없이 뻔한 내용들을 카피 앤드 페이스트한 자기소개서들보다는 훨씬 호감 갑니다.

서류전형의 목적은 일단 면접의 기회를 얻는 것입니다. 이 단계에서는 본인의 모습을 모든 면에서 다 보여주려고 신경 쓸 것이 아니라 일단 상대방 회사가 면접을 보고 싶다는 마음이 들도록 노력해야 합니다. '이렇게 쓰면 건방져 보일까?', '이러면 너무 스토커 같을까?', '내가 너무 매달리는 것처럼 보일까?', '너무 다급해 보일까?' 하는 걱정이 든다면, 나중에 면접 자리에서 그렇지 않은 모습을 보여주면 됩니다.

서류전형은 배점을 하지 않습니다. 즉, 점수가 없습니다. 예선 탈락이냐, 본선 진출이냐를 결정하는 경기입니다. 서류전형에서 90점을 맞았다고 60점을 맞은 다른 지원자보다 면접에서 유리한 위치에서 시작하는 것이 아닙니다. 마치 올림픽 수영 종목과 같습니다. 예선에서 아무리 세계 신기록을 세워도 결승전에서 3등 안에 못 들면 메달은 없습니다. 메달을 따기 위해서는 먼저 경기의 룰을 알아야 합니다.

CHECK POINT ―― 03

- 지원하는 회사마다 그곳에 맞는 자기소개서를 각각 따로 작성하라.
- 왜 꼭 그 회사에 입사하고 싶은지 이유를 구체적으로 써라.

지원하는 회사를
칭찬하라

자기소개서에 반드시 들어가야 할 내용 중 하나는 지원 회사에 대한 칭찬입니다. 단, 칭찬만 있고 비판이 하나도 없으면 균형적 사고가 약한, 맹목적인 사람처럼 보입니다. 반대로 칭찬 없이 비판만 가득한 글은 아무리 그럴싸한 내용이라도 읽는 사람의 기분을 잡쳐버립니다.

그래서 가장 이상적인 모범 답안은 여러분이 지원하는 회사에 대해서 '이런 점은 참 좋은데 이런 점은 좀 아쉽다. 하지만 앞으로 이런 식으로 하면 훨씬 더 좋아질 것 같다'라고 말하는 것입니다. 그리고 더 나아가 '내가 만일 귀사에 입사한다면 이런 방향으로 회사가 발전하는 데 일조하고 싶다'라고 말하는 것입니다. 하지만 일단은 비판보다는 칭찬이 앞서야 합니다. 아무리 회사의 영업 내용에 대해 잘 모르는 인사팀원, 팀장이라도 일단 회사 칭찬으로 가득 차 있는 이력서는 함부로 탈락시키기 쉽지 않습니다. 지원자의 조건을 떠나 이런 내용은 '임원이나 사장님이 한번 읽으면 좋겠다'라는 생각이 들기 때문입니다.

　근거가 빈약한 칭찬도 일단 들으면 기분이 좋아집니다. 근거 있는 칭찬은 그 효과가 더 큽니다. 그 내용이 사실과 다를지라도 듣는 사람을 '정말 그런가?' 하는 착각에 빠뜨려 우쭐하게 만듭니다. 그래서 칭찬을 하려면 왜 내가 그렇게 생각하는지 이유를 말해주는 게 좋습니다. 어차피 자기소개서는 객관적인 사회 전체의 의견을 대변하는 것이 아니라 지극히 개인적인 의견을 피력하는 것이기 때문에 칭찬의 근거가 빈약하더라도 큰 문제가 되지 않습니다.

　비판거리를 찾는 일은 어렵지만 칭찬거리를 찾는 일은 상대적으로 쉽습니다. 듣는 사람의 기분을 상하지 않게 비판하려면 누가 봐도 명백한 비판거리를 찾아내야 하지만 칭찬은 아주 별것 아닌 부분만으로도 할 수 있기 때문입니다. 지원 회사의 칭찬거리를 찾는 작업은 책상에 앉아 인터넷 검색에 몇 시간만 투자하면 됩니다. 별것 아닌 부분이라도 그것을 해석하고 의미를 부여해 칭찬거리를 만드는 것, 바로 이 작업이 여러분의 탐구력과 상상력을 필요로 하는 부분이지요. 사실, 기업이 더 관심 있어 하는 부분은 칭찬하는 내용 자체보다도 이렇게 별거 아닌 것을 칭찬거리로 승화하는 여러분의 개인 능력일 수도 있습니다.

칭찬은 지원 회사를 경쟁사와 비교하면서 할 때 더 효과적입니다. 경쟁사는 기업이 가장 신경 쓰는 대상이니까요. 사실은 경쟁사를 신경 쓰는 것이 중요한 게 아니라 소비자를 신경 쓰는 것이 더 맞는 이야기이지만요. 타사와의 경쟁에만 온통 신경을 쓰다가는 큰 그림을 못 보는 경우가 많습니다. 요즘처럼 업태 간의 경계가 희미해지고 수직 수평으로 통합되는 시장 상황에서는 전혀 신경 쓰지 않았던 카테고리에서 위협적인 경쟁사가 등장하는 경우도 많습니다. A 완구 업체가 경쟁해야 하는 상대는 B 완구업체가 아니라 스마트폰 게임 회사가 될 수도 있지 않습니까? 즉, 시장에서 오래 살아남으려면 소비자 관점에서 본인들의 포지셔닝을 입체적으로 분석할 줄 알아야 합니다.

예컨대 불과 몇 년 전만 해도 인터넷커머스 시장은 각각의 업태가 명확히 구분되어 있었습니다. 종합몰, 전문몰, 마트몰, 오픈마켓, 소셜커머스, 브랜드몰 등으로 각자의 명확한 어장이 있어서 그 어장 내에서 각각 경쟁자들과 경쟁하며 시장을 나누어 먹는 형태로 존재했습니다. 하지만 지금은 어떻습니까? 인터넷커머스의 모습이 죄다 비슷비슷해졌습니다. 종합몰도 소셜커머스처럼 옵션 상품을 내부에 포함하고 있는 '딜' 형태로 인터페이스가 바뀌고 있습니다. 소셜커머스의 딜도 예전처럼 떴다 졌다 하는 방식이 아닌, 종합몰처럼 상시 오픈 형태로 바뀌고 있습니다. 소비자들도 예전엔 어떤 상품은 종합몰에서 사고, 어떤 상품은 마트몰에서 사고, 어떤 상품은 소셜커머스에서 산다는 식으로 채널별로 명확한 구매 용도가 구분되어 있었지만 지금은 그런 구분이 없어졌습니다. 하지만 현실은 아직도 티몬 임직원들은 쿠팡 생각으로만 꽉 차 있고 11번가 임직원들은 G마켓 생각으로만 꽉 차 있습니다.

그렇다고 여러분이 자기소개서에서 이런 내용을 비판할 필요는 없습니다. 이런 종류의 비판은, 면접 자리에서는 여러분을 상당히 인사이트 있어 보이게 만들어줄 순 있지만 서류전형은 주로 인사 실무자나 해당 부서 실무자의 몫이기 때문에 쓸데없는 소리일 뿐이죠. 이들은 회사에 대한 날카로운 비판보다는 무식한 칭찬에 훨씬 더 귀가 솔깃해집니다.

칭찬은 또 그 내용이 구체적일수록 듣는 입장에서 더 진실성 있게 느껴집니다. 여러분이 미용실에 갔더니 머리 해주는 남자 헤어디자이너가 "와! 정말 예쁘시네요"라고 말하면 그 순간 기분은 좋은 것 같아도 바로 분위기가 썰렁해집니다. 아부하는 것 같기도 하고, 왠지 작업 거는 것 같기도 하고, 신경이 쓰여 표정이나 행동거지가 불편해집니다. 말도 조심스럽게 해야 할 것 같고 눈을 어디다 놓아야 할지 어색할 따름이죠. 아무튼 칭찬을 듣고도 마음이 편하지 않습니다. 하지만 "와! 눈썹이 정말 예쁘시네요"라든지 "피부가 어쩌면 이렇게 좋아요?"와 같은 칭찬은 분위기를 상당히 좋게 만들어줍니다.

기업도 마찬가지입니다. 여러분이 밑도 끝도 없이 '너무 훌륭한 회사다', '모두가 입사하고 싶어 난리다', '상품도 서비스도 최고다'라는 식의 두리뭉실한 칭찬을 해버리면 회사 입장에서는 만일 그게 사실일지라도 뻘쭘해질 수밖에 없습니다. 칭찬의 진실성에 대해서도 의구심이 생깁니다. 만일 칭찬의 내용과 상당한 거리감이 있는 회사라면 '이 사람 뭔가 대단한 착각을 하고 있네. 입사하면 실망해서 금방 그만두겠는데?' 하는 괜한 걱정을 할 수도 있습니다.

CHECK POINT ——— 04

- 지원한 회사에 대해 무조건 칭찬하는 내용을 써라.
- 칭찬의 내용은 구체적이어야 한다.

이력서는 서울대,
포트폴리오는 예체능처럼

서류전형의 1차 목적은 점수를 딴다기보다는 떨어지지 않는 것입니다. 잘 보이는 것보다는 흠 잡히지 않는 게 더 중요합니다. 그래서 서류전형은 모험성을 배제하고 안전하게 접근하는 것이 중요합니다. 바꿔 말해 튀는 것보다는 무난한 것이 더 좋습니다.

무엇이 무난해야 할까요? 일단 제출한 서류의 겉모습부터 무난해야 합니다. 가장 먼저 사진이 무난해야 하고 그다음 양식이 무난해야 합니다. 서류의 양식을 무난하게 연출하기 위해 신경 써야 할 부분은 생각보다 많습니다. 폰트, 행간, 띄어쓰기, 철자법, 줄 바꾸기^행^{갈이}, 각 항목별 답변 길이 등 모두가 무난해야 합니다. 무난하다는 건 거슬리지 않아야 한다는 뜻입니다. 철자법이나 띄어쓰기가 틀린 이력서는 일단 주홍글씨를 단다고 봐야 합니다. 별것 아닌 것 같아도 이런 문제는 실제 당락에 치명적인 영향을 줍니다. 저는 눈에 거슬리지 않고 철자법이 옳게 작성된 이력서가 생각보다 많지 않다는 사실에 매번 놀랍니다.

재미있는 것은 좋은 대학을 나온 지원자의 이력서 및 자기소개서는 그 겉모습이 그렇지 않은 지원자들의 것과 많이 다르다는 점입니다. 부정하고 싶어도 어쩔 수 없는 사실입니다. 왜 그럴까요? 아마도 좋은 대학을 가기까지 그때그때 제출하는 서류를 대하는 태도나 습관부터 다르지 않았을까요? 그런 태도와 습관이 이력서, 자기소개서를 쓰는 과정에 본인도 모르게 배어났을 겁니다. 이들은 어릴 때부터 점수 잘 받는 리포트, 칭찬 받는 리포트 작성에 대해 무엇을 어떻게 해야 한다는 '감'을 터득했을 테고 그래서 입사원서도 어떤 양식으로 작성해야 남들에게 긍정적으로 보일지 그 원리를 알고 있는 것이겠지요. 그래서 좋은 대학을 나온 지원자의 이력서와 자기소개서는 얼핏 봐도 뭔가 달라 보입니다. 좀 과장해서 표현하자면 광이 납니다. 같은 프린터로 뽑은 이력서인데도 다른 지원자들의 것보다 종이도 더 좋아 보이고 글씨도 더 눈에 잘 들어옵니다. 좌우가 잘 정렬되어 있고, 눈에 띄는 공백도 없고, 줄과 줄 사이의 공간도 글을 읽기에 아주 적당하게 떨어져 있습니다. 큰 제목과 소제목, 본문의 볼드 처리와 각각의 글자 사이즈들도 과하지 않고 적당하게 매칭되어 있지요.

이 차이는 마치 대기업의 명함과 중소기업의 명함을 볼 때 느끼는 아주 미묘한 차이와도 같습니다. 일반인들은 그 차이가 어디에서 비롯되는 건지 정확히 짚어내지 못합니다. 아주 미세한 글씨 크기, 여백, 디자인의 차이가 1조가 넘는 회사의 명함과 구멍가게 회사의 명함의 차이를 만들어내지요. 여러분은 혹시 대기업 회장들의 명함을 본 적이 있나요? 그들의 명함은 정말 광채가 납니다. 종이가 특별한 것도 아니고 금박이 입혀진 것도 아니고 별다른 디자인 요소가 들어가 있지 않은데도 말입니다.

이렇듯 서류의 비주얼이 사람의 선입견에 끼치는 영향력은 상당하다는 것을 명심해야 합니다. 그래서 이력서, 자기소개서의 양식을 마치 서울대 졸업생이 한다 생각하고 작성해야 합니다. 저는 학회나 기업교육 자리에서 대학 교수들의 강의를 듣는 경우가 많은데요. 재미있는 건 교수들의 파워포인트나 유인물 겉모습만 봐도 이 교수가 어떤 수준의 대학 교수인지를 금방 알아차릴 수 있다는 점입니다. 희한하게도 우리가 익히 알고 있는 대학 순위에 따라 발표 자료의 겉모습, 포맷도 일치합니다. 상위 등수로 갈수록 포맷이 점잖고 글자 위주로 작성되어 있습니다. 반면, 하위 등수로 갈수록 글자 수가 적고 대신 이미지나 불필요한 장식이 많아집니다. 장표가 넘어갈 때 나타나는 효과도 상위 등수 대학의 교수가 작성한 자료는 단순하게 넘어가는 데 비해 하위 등수로 갈수록 휙, 휙 하는 효과음이 들어가 있고 각종 모션을 동반한 현란한 효과와 함께합니다. 뭐가 더 좋고 나쁘고를 말하려는 게 아닙니다. 무엇이 더 좋은 대학의 교수가 만든 자료 같고 무엇이 그 반대의 경우인지, 작성한 서류의 디자인만 봐도 티가 난다는 사실을 말하려는 것입니다.

최근에는 이력서와 자기소개서를 반드시 기업에서 제공한 양식에 맞게 작성해서 제출해야 하는 경우가 많아졌습니다만, 세세한 작성 요령까지 모두 기업에서 정해주지는 않습니다. 정해진 포맷 내에서도 여러분이 조심해야 하고 신경 써야 할 부분이 많습니다. 기업이 특별한 지원 양식을 요구하지 않는 경우에도 한 가지 조심해야 할 부분이 있습니다. 성의 없이 엉망으로 작성된 서류보다 더 안 좋은 케이스는 바로 취업사이트에서 제공하는 공통 양식으로 작성된 서류를 그대로 내려받아 쓰는 것입니다. 잡코리아, 사람인, 인쿠르트 등 주요 취업 포털사이트에는 이력서, 자기소개서 양식에 내용만 기입하면 바로 해당 기업으로 메일을 발송해주는 서비스가 있습니다. 편리한 서비스이지만 기업 입장에서는 이 서비스를 이용하는 사람을 상당히 성의 없다고 여길 수밖에 없습니다. 단순 판매직이라면 몰라도 인생의 중대사인 직장을 구하는 사람의 태도로는 잘 이해되지 않을 수 있습니다. 아무리 좋은 내용이 담긴 서류라도 일단 직접 만든 양식에 작성한 지원자보다 상당한 감점 요인을 안고 시작해야 한다는 점, 꼭 명심하길 바랍니다.

남들보다 뛰어나다고 생각되는 본인의 '끼'나 창의적인 부분을 어

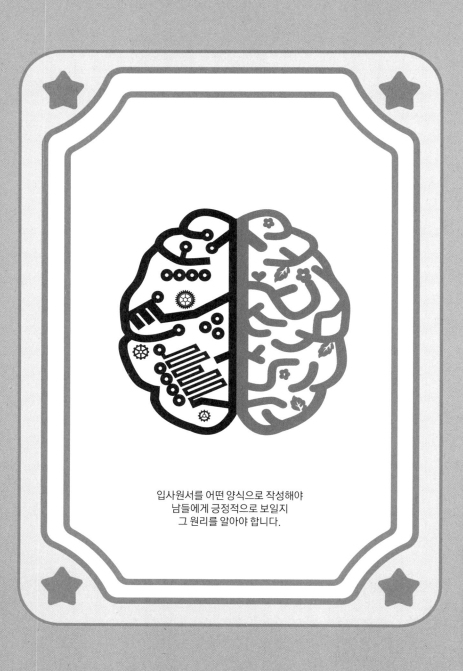

입사원서를 어떤 양식으로 작성해야
남들에게 긍정적으로 보일지
그 원리를 알아야 합니다.

떻게든 서류전형에서 어필하고 싶다면 포트폴리오를 이용하면 됩니다. 제출 서류에 포트폴리오가 포함되어 있지 않은 기업이라도 상관없습니다. 포트폴리오를 특별히 요구하지 않은 것이지, 제출하지 말라고 한 것은 아니기 때문입니다. 요구하지도 않았던 포트폴리오를 왜 제출했냐며 지원자를 탈락시키는 기업은 없습니다. 포트폴리오는 어떤 경우라도 반드시 살펴본다고 생각하면 됩니다.

포트폴리오는 잘만 활용하면 마이너스가 되지는 않습니다. 어차피 서류전형의 본 게임은 이력서와 자기소개서이기 때문에 포트폴리오 게임은 정해진 룰이 없습니다. 인사 담당자는 포트폴리오를 평가하는 기준은 들은 바도 없고 그들이 평가해서도 안 되는 부분입니다. 실무팀장이나 임원 면접 시 지원자 평가에 참고하라고 전달해주는 게 그들이 할 수 있는 일의 전부입니다. 그리고 중요한 점은 서류전형 단계에서 아무리 이력서나 자기소개서가 지원 자격에 미달되더라도 포트폴리오가 뭔가 대단한 것처럼 보이는 경우에는 혹시나 하는 마음에서 함부로 지원자를 탈락시키기 어렵다는 것입니다.

포트폴리오는 점잖을 필요가 없습니다. 공부할 때 공부하고 놀 때 잘 노는 사람이 더 능력 있게 보이듯 포트폴리오상에서 여러분은 마음껏 끼를 발산해도 됩니다. 정해진 양식도 없고 분량의 제한도 없습니다. 만일 이력서, 자기소개서를 점잖고 무게감 있게 썼다면 그에 반비례하여 포트폴리오는 튀면 튈수록 좋습니다. 포트폴리오라고 해서 그래픽이나 VMD Visual Merchandiser 같은 디자인 관런 실무 부서 지원자들만 제출하는 서류라고 생각하면 안 됩니다. 이력서와 자기소개서에 미처 쓰지 못한 말들, 이력서 포맷과 어쩐지 어울리지 않아 넣지 못한 내용들 모두가 포트폴리오의 소재입니다. 도표일 수도 있고 글로 쓴 기획서일 수도 있습니다. 마케팅이나 신상품에 대한 본인의 아이디어일 수도 있고 사진일 수도 있습니다. 무엇이든 간에 채용 시 나에게 도움이 될 만한 내용을 담으면 됩니다. 단, 호기심을 끌어낼 수 있고 재미있어야 합니다.

요구하지도 않았던 포트폴리오를 제출하는 것은 반칙이 아닙니다. 포트폴리오 없이 맨손으로 면접에 참석한 다른 지원자들에게는 여러분이 페어플레이를 하지 않았다고 얄밉게 보이겠지만 기업 입장에서는 여러분이 그저 남보다 좀 더 열정적인 사람으로 비칠 뿐입니다.

CHECK POINT —— 05

- 이력서, 자기소개서의 양식은 서울대생이 쓴 것처럼 최대한 점잖게 써라.
- 포트폴리오는 제출하라는 말이 없어도 반드시 준비하고 최대한 튀게 구성하라.

CHAPTER

TECHNOLOGY OF EMPLOYMENT

FREE PASS TICKET

4

면접의 원리

12345 6 7 8911 ——— 1 01 0

면접관은 무엇을 관찰하는가?

1차 서류전형이 통과되어 면접 일자가 잡혔다는 통보를 받았다고 해서 마냥 좋아해서는 안 됩니다. 어느 대기업의 최종 면접까지 올라갔다는 사실이 여러분의 신분을 바꿔주지는 않습니다. 친구들과 술자리에서 으쓱거릴 수는 있겠지만 그 이상의 가치는 없습니다. 이제부터는 완전 새로운 싸움의 시작입니다.

삼세판 게임을 하는 마음으로 면접에 임하는 이들이 있습니다. 일단 이번엔 좋은 모습을 보여주는 데 만족한다? 이런 생각은 해볼 가치도 없습니다. 떨어진 회사에서 다시 면접을 보는 경우는 거의 없다고 봐야 합니다. 아예 사규로 한 번 입사전형에서 떨어진 지원자는 다시 면접을 보지 못한다고 성문화해놓은 회사도 많습니다. 주어진 단 몇십 분의 시간, 이것이 이번 생애에서 여러분과 이 회사의 처음이자 마지막 인연의 기회라고 생각해야 합니다. 면접이 끝나면 그 결과에 대해 며칠 동안 장고의 시간을 보내며 고민하는 회사는 없다고 보는 편이 좋습니다. 대부분의 경우 면접이 끝나는 그 순간 바로 당락이 결정되니까요. 물론 모든 지원자가 면접을 끝내야 최종 합격자가 결정되겠지만 여러분 자체에 대해 채용이 가능하다 혹은 불가능하다 여부는 면접이 종료되는 그 순간 바로 결정됩니다. 그만큼 주어진 시간에 모든 것을 다 쏟아붓겠다는 비장한 마음으로 면접에 임해야 합니다.

먼저 면접의 원리를 이해해야 합니다. 면접 자리에 참석하는 면접관은 이미 여러분에 대해 간단하게라도 알고 있다고 봐야 합니다. 면접 시 질문 리스트를 미리 메모해놓는 경우도 있습니다. 어떤 경우에는 서류 내용만 보고 이미 이 친구 이 친구를 뽑아야겠다고 어느 정도 마음을 정한 상태로 면접을 진행하기도 합니다. 내 느낌이 정말 맞는지 직접 만나 확인해보려는 것이지요.

그래서 면접 자리에서는 전달하는 정보의 내용이 아니라 정보가 전달되는 느낌이 더 중요합니다. 그냥 서로가 멀뚱멀뚱 앉아 있기만 해서는 이 사람이 어떤 사람이라는 느낌을 받기가 어렵기 때문에 뭔가 대화가 계속 오가야 합니다. 그 대화의 소재는 자기소개, 과거 이력, 지원 동기, 미래 포부 등 면접 자리에서 자주 오가는 것들이지만 사실 그것들은 지원자의 느낌을 파악하기 위한 도구, 재료에 불과합니다. 내용이 중요한 것이 아니라 그 내용이 전달될 때의 느낌이 더 중요합니다. 그런 세세한 인상들을 모아서 지원자의 총체적 느낌을 판단하고 확인하는 자리가 바로 면접인 것이지요.

면접이 끝나고 지원자가 방을 나간 후에 면접관들끼리 나누는 대화를 여러분이 들어볼 기회가 있으면 큰 도움이 될 텐데요. 세상 천지에 지극히 너그럽고 마음씨 넓어 보이던 사람도 태도가 돌변합니다.

"당신도 그렇게 느꼈어?"

"어. 나도 왠지 그 자리에서 말은 안 했지만 그런 느낌이 드네……."

이런 식의 뒤통수치는 대화들을 주고받으면서 "참고 연기하느라 힘들었다"라고 투덜대는 경우가 많습니다. 그래야 서로 남보다 한 수 위인 사람처럼 보이기 때문이지요.

큰 기업의 임원으로서 면접 자리에 앉아 있는 이들의 뱃속엔 구렁이가 천 마리는 들어가 있다고 봐야 합니다. 직원 수 3,000명 회사의 경우 임원은 10명 이내입니다. 그 3,000명도 그냥 길거리를 오가며 만날 수 있는 평범한 사람들이 아닙니다. 모두 나름대로 좋은 학교 졸업하고 머리 좋고 일 잘하는 사람들입니다. 그들이 어떻게 나머지 2,990명을 제치고 임원이 되었을지를 상상해보세요. 겉으로는 평범해 보여도 사실은 보통 사람들이 아닙니다. 이 사람들은 자기 생각이나 감정을 절대 겉으로 표현하지 않습니다. 특히 그 분야에서는 박사들입니다. 여러분이 하는 말에 쏙 빠진 듯한 표정으로 "그래요?

면접관들은 여러분의 말투, 템포, 성질, 리액션,
손 움직임, 다리 떠는 것 하나하나까지
귀신같이 관찰, 판단하고 있다는 사실을 알아야 합니다.

그래서요?"라고 응대해주며 대화에 몰입해 있는 척해도 사실은 여러분의 말투, 템포, 성질, 리액션, 손 움직임, 다리 떠는 것 하나하나까지 귀신같이 관찰, 판단하고 있다는 사실을 알아야 합니다. 작은 회사의 오너들도 마찬가지입니다. 어느 정도 경쟁률이 존재하는 면접을 치를 정도의 회사 오너가 되기까지는 말을 안 해서 그렇지, 여러분이 생각하는 것 이상의 산전수전 공중전까지 겪은 사람들입니다. 여러분이 앉아 있는 자세 하나만으로도 여러분에 대한 수많은 추론이 가능한 사람들이라고 보는 게 안전합니다.

왜 고급 임원 면접을 볼 때 굳이 고급 레스토랑에서 같이 식사를 하면서 진행하는지, 왜 여섯 시간씩 18홀 골프 라운딩을 하는지 그 이유가 이제 이해되나요? 그 정도급의 후보자라면 업무적 내용이야 이미 어느 정도 파악되었을 것이고 커리어상으로도 충분히 검증된 사람이니까 최종 면접 대상에 올랐을 것입니다. 주변 레퍼런스 체크 Reference Check를 통해 이전 직장의 오너나 동료 심지어 아래 직원들까지 그 지원자에 대한 평가 및 인터뷰 자료를 확보한 상태이기 때문에 굳이 더 이상 실무 이야기를 나눌 필요가 없는 것이죠. 남은 건 내 눈으로 직접 이 사람의 총체적인 느낌을 확인하는 것뿐입니다.

같이 식사를 한다는 건 이 사람의 사회적·경제적 클래스를 확인하는 도구입니다. 식사 예절이야말로 문명인과 야만인의 차이를 극명하게 나타내는 바로미터입니다. 아무리 교양 있는 척 연기를 해도 밥 먹는 습관만큼은 그 버릇을 쉽게 고치기 힘들기 때문이지요. 메

뉴를 어떤 방식으로 얼마나 조화롭게 주문하는지, 무엇부터 먹는지, 포크와 나이프는 어떻게 쥐는지, 얼마나 자주 입을 닦는지, 어떻게 입을 닦는지 그러니까 냅킨을 모아서 밖에서부터 안쪽으로 닦는지 아니면 그냥 좌우로 쓱쓱 닦는지, 또 음식을 씹을 때 음식을 어금니 안쪽에 위치시키고 입을 점잖게 느리게 움직이는지 아니면 앞니만 사용해서 토끼처럼 오물오물거리는지, 빵을 칼로 써는지 손을 사용해서 뜯는지, 손에 묻은 빵 가루는 어떻게 처리하는지 등등 그 체크 사항은 셀 수 없을 정도입니다. 그래서 넉넉잡고 두어 시간 동안 이런저런 얘기를 나누며 천천히 관찰하는 것입니다.

식사 예절 때문에 입사가 좌절돼서 부당하고 억울하다구요? 지나가는 사람을 붙잡고 물어보면 열이면 열 명 모두 다 그렇게 생각할 것입니다. 그런 싸가지 없는 오너가 어디 있냐며 같이 욕을 해주겠지요. 운이 좋으면 기자가 신문에 기사를 써줄지도 모르겠습니다. 하지만 그게 다입니다. 만일 기존 직원을 이런 식사 예절 같은 이유로 해고하는 기업은 법적으로도 제재를 받겠지만 직원을 채용하는 과정만큼은 전적으로 오너 마음대로입니다.

골프 라운딩을 하며 면접을 보는 이유는 뭘까요? 물론 지원자의 사회적·경제적 수준을 체크하려는 것도 있지만 이 경우는 지원자의 인성을 확인하기 위해서입니다. 장장 여섯 시간에 걸쳐 18홀 코스를 도는 동안 여러 상황과 사건에 맞닥뜨립니다. 골프는 잘 맞는 확률보다 잘 안 맞고 실수하는 확률이 훨씬 더 높습니다. 만족스러운 상황보다는 불만족스러운 상황이 더 많이 발생하지요. 그럴 때마다 많은 사람이 본인도 모르게 "에이씨!" 하며 쌍시옷 단어를 흘립니다. 바로 이런 것들을 보는 것이지요. 어처구니없는 샷 실수를 했을 때 심호흡을 하면서 자신을 추스리는 사람이 있는가 하면, 그 실수를 떨치지 못해 남은 홀들까지 영향을 줘서 확 무너지는 경우도 있습니다. 회사생활을 하면서 겪을 만한 상황들 아닌가요?

또 골프는 동반자들끼리 서로 경쟁하는 점수 게임입니다. 즉, 내가 잘 치는 것도 중요하지만 상대방이 실수를 해야 내가 게임에서 이길 수 있습니다. 그래서 내 게임만큼 남의 플레이, 남의 점수도 관심 있게 보게 됩니다. 그런데 만일 동반자가 눈에 띄지 않는 아주 사소한 실수, 예를 들면 연습 스윙 때 볼을 살짝 건드렸다든지, 모래벙커에서 채가 모래에 살짝 닿았을 때 승부욕이 강한 사람이라면 바로 그 잘못을 지적하면서 벌타 이야기를 하겠지요. 이런 사람에게 호감이 갈까요? 아니면 우연히 상대방의 실수를 봤더라도 못 본 척 덮어주는 사람에게 더 호감이 갈까요? 후자가 더 마음의 여유가 있는 사람처럼 보이지 않나요?

불친절한 캐디한테 어떻게 반응하는지, 버디를 했을 때 들떠서 으쓱거리는지, 아니면 공이 잘 맞을수록 차분하고 겸손한지, OB가 나도 그 홀을 보기로 마무리할 수 있는지, 뒷심을 발휘하는 승부사 기질이 있는지 등 수많은 상황에서 보이지 않는 시험을 치르는 것입니다.

골프 라운딩 면접의 또 다른 목적은 정장을 벗었을 때의 느낌을 보는 것입니다. 라운딩이 끝나고 샤워를 한 후 사복으로 갈아입고 나왔을 때의 느낌, 이것은 회사 밖에서의 평소 모습이지요. 정장과 회사 직책이라는 포장을 벗고 평상으로 돌아갔을 때가 그 사람의 실체에 더 가까운 모습이겠지요. 이 정도의 면접이라면 단점들을 숨기고 싶어도 도망갈 곳이 없다고 봐야 합니다.

다행히 여러분이 겪게 될 면접 수위는 이 정도로 살벌하지는 않습니다. 면접관 입장에서는 골프 라운딩에 비하면 관찰할 거리가 그렇게 많지 않습니다. 기껏해야 문을 열고, 걸어와서 의자를 당겨서 앉고, 눈을 마주치고, 대화가 오가고, 웃고, 웃느라 어깨가 들썩이고, 얘기가 끝나면 인사하고 나가는 게 전부입니다. 짧으면 15분, 길어야 30분입니다. 그래서 노련한 면접관은 그 짧은 시간 내에 골프 라운딩을 해야 얻어낼 수 있을 만큼의 정보를 얻으려고 노력합니다. 18홀 동안 닥칠 만한 이런저런 상황에 대한 여러분의 반응을 질문을 통해 이끌어내는 것이지요. 황당한 질문으로 여러분을 진퇴양난의 상황까지 몰고 가서 어떻게 살아 돌아오는지를 보기도 하고 불쾌한 질문을 해서 기분을 상하게도 합니다. 그리고 여러분이 그 감정을 어떻게 이겨내는지를 관찰합니다. 다른 지원자들을 형편없다 비판하고 여러분을 치켜세운 후 그 반응도 관찰합니다. 사실, 베테랑 면접관들은 여러분의 목소리 톤이나 속도 또 말의 논리를 이끌어가는 과정, 상대방을 설득하는 방법같이 눈에 띄지 않는 부분에서도 세밀하게 여러분의 성향을 파악할 줄 압니다.

　그러면 면접관들이 여러분을 긍정적으로 평가할 수 있게 하려면 어떤 모습을 보여야 할까요? 정답은 이미 여러분도 알고 있습니다. 뻔한 것이죠. 지혜롭고 의지적이고 노련하고 창의적이고 또 한편으로는 참을성 있고 인자하고……. 좋다는 건 다 정답입니다. 무슨 덕목이 중요하다고 줄곳고 암기하는 건 아무 소용이 없습니다. 면접관들이 언제 어떤 상황에서 이런 덕목을 주로 관찰하는지를 아는 것이 중요하지요. 그래야 여러분이 면접관에게서 기분 상할 법한 질문을 들었을 때, 성질을 버럭 낼 것이 아니라 '이 사람이 지금 나의 인성을 테스트하고 있구나' 하며 오히려 평소보다 더 차분하고 너그럽게 대응할 수 있습니다.

CHECK POINT ――― 01

- 면접의 최종 목적은 당신에 대한 총체적인 느낌을 파악하는 것이다.
- 내용이 아니라 내용을 전달하는 태도가 중요하다.
- 면접관들은 당신의 말투, 성격, 리액션, 팔다리의 움직임까지 보고 있다.

이것이 마지막 면접인지, 아니면
또 면접이 남았는지를 파악하라

면접이 한 차례로 끝나는 경우가 있는가 하면 1차, 2차로 진행하는 경우도 있습니다. 만일 2차 면접이 회장 앞에 얼굴이나 비치는 형식적 면접이라면 상관없지만, 1차 면접이 실무팀장 면접이고 2차 면접은 임원 면접인 경우라면 단판 면접과는 다르게 전략을 짜야 합니다.

면접이 1, 2차로 나누어지지 않은 경우, 즉 단판 면접으로 당락이 결정되는 경우는 복잡하게 생각할 필요 없이 거기에 모든 걸 다 쏟아부으면 됩니다. 이 책에서 설명한 '회사가 여러분을 꼭 뽑지 않고서는 못 견디게 만드는 방법들'을 모두 감안해서 말하고 행동해야 합니다. 거듭 강조하지만 내용도 중요하고 태도도 중요합니다.

그러나 여러분이 특별히 신경 써야 하는 면접은 두 번째의 경우, 즉 1차 실무팀장, 2차 임원으로 나뉘어진 두 단계 면접입니다. 이 경우엔 두 면접의 성격이 다르기 때문에 각각 다른 전략으로 대응해야 합니다. 서류전형과 달리 1차 팀장 면접에서는 여러분을 쉽게 탈락시킬 수 있습니다. 그래서 1차 면접에서 방어만 해서는 안 됩니다. 하지만 그 공격 포인트가 2차 임원 면접 때와는 달라야 합니다.

첫 번째 공격에서 여러분은 '나는 능력도 뛰어나지만 동시에 훌륭한 인격의 소유자'임을 강조해야 합니다. '이 사람을 뽑으면 내가 마음도 편하게, 몸도 편하게 회사생활을 할 수 있겠다'는 느낌을 줘야 합니다. 팀장쯤 되면 서류심사를 통과한 경력 지원자들의 업무 능력은 다 거기서 거기고 신입 사원 지원자들은 입사 후에 얼마나 잘 가르치느냐에 달렸음을 이미 숱한 경험을 통해 알고 있습니다. 그래서 실무팀장들의 마음을 움직이는 것은 지원자의 인성 관련 덕목들입니다. 믿음이 가는 직원을 뽑고 싶은 것이지요. 신뢰, 정직, 배신하지 않는 충직함 등등의 덕목들이 실무팀장의 마음을 움직입니다. 이 사람을 뽑으면 내가 야근하지 않아도 될 것 같은 마음, 이 사람한테 일을 맡기면 하늘이 두 쪽 나도 해낼 것 같은, 그래서 내가 주말에 회사를 나가지 않아도 될 것 같은 마음, 우리 팀과 경쟁관계인 옆 팀에 가서 내 흉을 보지 않을 것 같은 신뢰감, 다른 팀장의 치명적 약점을 어디선가 듣고 와서 내게 알려줄 것 같은 충직함, 눈치는 빨라 보이는데 왠지 무게감 있고 입이 가벼워 보이지 않는 사람……. 이런 느낌이 바로 실무팀장을 혹하게 만듭니다.

1차 면접 자리에서는 실무 관련 이야기는 가급적 피하는 편이 좋습니다. 아무리 여러분이 실무 내용을 사전에 철저히 조사해서 준비했더라도 실무팀장의 수준을 따라갈 수는 없기 때문입니다. 어설프게 회사의 단점을 지적하고 개선안을 말해봤자, 듣는 팀장은 졸립기만 합니다. 실무팀장에게는 회사 칭찬을 늘어놔도 별 효과를 못 봅니다. 그러지 않아도 회사가 미워 죽겠는데 회사 칭찬에 입이 마른 지원자를 보면 짜증 나겠지요. 본전도 못 건질 얘기는 아예 하지 않는 편이 좋습니다.

하지만 다행히 팀장 면접을 패스해서 임원 면접을 보게 되면 이제 상황은 180도 바뀝니다. 지금부터는 오히려 회사 이야기, 일 이야기를 열정적으로 해야 합니다. 임원들은 어차피 회사 실무를 잘 보지 않습니다. 오너나 대표이사 앞에서는 상당히 실무적인 부분까지 챙기는 척하지만 자기 자리에 돌아오면 전형적인 관리자로 돌변합니다. 직접 일을 챙기는 것이 직원들의 일을 방해한다고 생각합니다. 실제로도 그렇고요. 임원은 스스로를 직원들이 일을 더 잘할 수 있게 당근과 채찍으로 격려하고 관리하는 사람이라고 생각합니다. 결론적으로 그들은 실무를 잘 모릅니다. 대신 큰 흐름만 알고 있지요.

이런 면접관들에게는 실무 이야기를 많이 할수록 효과적입니다. 이야기를 재미있게 듣습니다. 전혀 엉뚱한 이야기를 해도 잘 알아채지 못합니다. 선무당 수준에서 이렇게 하면 회사가 성장할 것이라는 희망 찬 이야기를 해도 면접관 대부분은 이미 현실감이 많이 떨어져 있는 상태이기 때문에 그 제안들이 얼마나 비현실적인지 분별하지 못합니다. 그래서 달콤한 이야기들에 잘 속아 넘어갑니다. 1장에서 설명한 정도령 이야기, 예컨대 '나를 뽑으면 이러이러한 점을 이렇게 개선시켜 보이겠다. 나는 여러분이 모르는 정보통이 있어서 소비자들의 살아 있는 목소리를 듣고 있다' 같은 이야기를 들으면 면접관들을 분명히 군침을 흘릴 것입니다. '나는 엉덩이가 무거워 이 회사에 입사하면 절대로 다른 곳으로 옮기지 않을 것이다'라는 점을 강조하는 것도 좋은 방법입니다.

또 이들은 칭찬에 약합니다. 본인의 젊음을 바친 직장에 대해서 이런저런 비판을 한다면 그 내용이 설사 맞더라도 본인의 인생을 부정하는 느낌이라 기분이 좋을 리 없습니다. 꼭 필요한 경우라서 비판을 하더라도 칭찬을 그 열 배는 한 후에 해야 합니다. 칭찬은 반드시 구체적으로, 근거와 함께해야 합니다.

　요컨대 임원 면접 시 조금만 신경 써서 사전에 미리 준비한다면 임원들은 가장 요리하기 쉬운 대상일 수 있습니다.

CHECK POINT ──── 02

- 1차 면접과 2차 면접은 일반적으로 가지고 있는 생각과 정반대로 접근해야 한다.
- 실무팀장 면접에서는 '인성'에 대한 측면을 어필하라.
- 임원 면접에서는 '실무'에 관한 측면을 어필하라.

의사결정권자 한 명이 결정하는 면접인지, 다수가 합의해서 결정하는 면접인지를 파악하라

'한 명의 최종 의사결정권자가 있는 면접'이란 말 그대로 한 명이 여러분을 면접 보거나, 아니면 그룹 오너나 대표이사 혹은 다른 면접관보다 훨씬 강한 사내 파워를 가진 인물이 면접관 사이에 끼어 있는 경우입니다. 그 인물이 누구인 줄 어떻게 알아보느냐고요? 인터넷으로 미리 얼굴을 찾아보면 됩니다. 또는 얼굴에 철판을 깔고 인사팀 직원에게 저 중에 누가 사장님이냐고 물어보세요. 그러면 조심스럽게 가르쳐줄 겁니다.

이런 종류의 면접에서는 사장님 또는 키맨Key Man 을 잘 염두에 두면서 이 책에서 배운 대로 말하고 행동하면 됩니다. 그렇다고 키맨만 너무 신경 쓰느라 나머지 임원들을 소홀히 대하면 안 됩니다. 기회주의자처럼 보이지 않겠습니까? 뭐든지 적당해야지요. 아무튼 이런 형태의 면접은 특별히 별다른 변수가 없습니다. 그냥 여러분은 준비한 대로 잘하면 됩니다.

하지만 문제는 면접관들 중에 특별한 키맨이 없는 경우입니다. 면접관들이 면접 종료 후에 자기들끼리 대화하면서 최종 합격자를 합의 결정하는 경우는 그 메커니즘이 상당히 복잡합니다. 한 가지, 여러분이 오해하기 쉬운 것이 고참 임원과 신참 인원 간의 파워게임입니다.

실제로는 고참 임원들도 신참 임원을 함부로 대하지 못합니다. 기업의 규모가 크면 클수록 일단 임원이 되면 더 이상 직급의 상하관계가 명확하지 않습니다. 상무라고 해서 전무가 함부로 대할 수도 없고 부사장이 전무의 의견을 무시할 수도 없습니다. 좀 심하게 말하면 부사장은 이제 곧 회사 떠날 사람이고 상무는 앞으로 오너 볼 날이 창창하니 더 조심해야 한다는 것이지요. 그래서 일단 임원이 되면 누구 끗발이 더 센지는 알 수 없습니다. 면접관 중 제일 직급이 높다고 해서 그가 최종 의사결정권자인 줄만 알고 면접에 임했다가는 큰 낭패를 당할 수 있습니다.

면접관 중에 독보적인 의사결정권자가 없는 면접 자리인 경우, 여러분은 정말이지 복잡한 역학관계 속으로 빠진 것입니다. 이런 자리에서는 면접을 잘 봐도 합격을 확신하지 못합니다. 이 상황을 이해

하려면 우리나라 기업들의 임원세계를 알아야 합니다. 대한민국 대기업에서 임원이 되기 위한 첫 번째 조건은 '임원스러워야' 한다는 것입니다. 일만 잘한다고, 맡은 부서에서 좋은 성과를 냈다고 해서 전부 임원이 되는 것이 아닙니다. 임원 워크숍에 가면 임원 진급이 임박한 고참 부장들의 리스트를 파워포인트로 띄워놓고 인사부장의 진행으로 한 명씩 한 명씩 임원 진급 적정성에 대해 토의합니다. 그때 오가는 이야기들은 주로 상하·수평적인 관계성, 리더십, 조직 장악력, 업무 추진력, 그룹문화와의 적정성, 질병·체력수치 등과 같은 마치 인·적성 테스트와 유사한 항목들에 대한 내용입니다.

그리고 최종적으로 대표이사와 부사장단 회의에서 임원 승진을 결정하는데, 그 자리에서 은밀히 오가는 이야기들은 일반 직원들로서는 훨씬 더 예측하기 어려운 것들입니다. 개인적인 이슈들, 정치적인 이야기들이 많습니다. 한마디로 누가 봐도 객관적으로 예측하고 판단할 수 있는 잣대에 의해서가 아니라 상당히 형이상학적인 이유로 임원이 되는 경우가 많습니다.

그렇기 때문에 일단 임원이 되면 본인 스스로를 일반 직원들과는 뭔가 다르게 행동하고, 원래부터 나는 여러분과 다른 인종이었다는 듯한 태도로 돌변하는 경우가 많습니다. 약간은 신비주의적인 이미지 메이킹을 하는 것이지요. 즉, 본인은 뭔가 더 높고 깊은 차원의 생각을 하고 있다는 느낌을 주려고 합니다. 그래야 주변에서 '저 사람은 우리와 뭔가 다르구나'라고 생각하게 되겠지요. 사실, 정말로 그런 이들도 있겠지만 제 경험으로 볼 때 본인의 무능력함, 자신 없음을 그런 신비주의로 덮어보려는 심리가 대부분입니다. 그래서 말투도 일반인들과 달리 어눌하게 하고 종종 이해하지 못할 엉뚱한 발언도 합니다.

문제는 이런 성향이 면접 자리에서도 발동한다는 점입니다. 마지막 지원자까지 면접이 끝나면 인사부장이 최종적으로 누구를 뽑을지 임원들의 의견을 물어봅니다. 그러면 임원들은 각자 의견을 이야기하고 인사부장이 그 의견을 종합해서 마지막 합격자를 임원들에게 확인시키고 최종 확정하는 순서로 업무가 진행됩니다.

그런데 그 자리에 임원들의 내년도 계약 연장과 승진을 대표이사와 상의할 키맨이 있다면 어떨까요? 그리고 그 결정에 고춧가루를 뿌릴 가능성이 있는 인사부장, 임원들보다 직급은 낮지만 나름대로 영향력을 행사할 수 있는 키맨이 있다면? 이 그림 속에서 상무, 전무들의 관심은 얼마나 더 훌륭한 인재를 채용하느냐가 아니라 이 기회에 키맨들에게 얼마나 나의 '임원스러움'을 증명하느냐에 온통 쏠려 있습니다. 이런 태도가 여러분의 면접 결과에 어떤 영향을 줄까요?

결론부터 말하자면 면접자들 중에서 누가 봐도 확실한 1등이 실제로 뽑히지 않는 경우가 생깁니다. "누가 제일 나아 보이세요?"라는 인사부장의 질문에 면접 시 누가 봐도 제일 잘한 그 사람을 나도 좋다고 얘기하는 게 본인의 이미지에 도움이 될까요? 혹시 누가 봐도 제일 잘한 그 사람의 숨은 치명적 단점을 귀신같이 잡아내는 모습이 키맨에게 더 능력 있게 보일까요? 면접 때 두각을 나타내지 못했지만 회사에 큰 도움이 될 만한 장점을 가진 지원자를 발견해내는 임원이 오히려 더 능력 있어 보이지 않을까요?

누가 봐도 1등이었던 지원자를 나도 뽑자고 주장하는 임원은 어딘가 신중하지 못하다는 느낌을 줍니다. 임원쯤 되면 일반인들과는 다르게 보고 다르게 해석할 줄 알아야 하니까요. 그래서 실제 면접에서 제일 잘한 지원자가 떨어지고 엉뚱한 지원자가 합격하는 경우가 생기는 것입니다.

여러분 중에 아무리 생각해도 완벽하게 면접을 마치고 집에 왔는데 불합격 통지를 받은 경험이 있다면 그건 여러분의 잘못이 아닐 수도 있습니다. 그렇다고 어디 가서 억울하다 부당하다 따질 수도 없는 노릇이죠.

결론은 여러분이 맞춰야 합니다. 한 명씩 들어가서 하는 면접이라면 어떻게 해볼 수도 없지만 여러 명이 동시에 들어가는 면접은 충분히 이런 변수들을 제어할 수 있습니다. 너무 튀지 않는 것이지요. 누가 봐도 본인이 면접자들 중 월등하다는 느낌이 들면 위험 신호라고 생각하고 살짝 자제해야 합니다. 너무 처져서도 안 되고 너무 나서지도 않는 범위 내에서 적절히 상위권 정도에만 들어가는 것이 오히려 1등을 하는 것보다 안전합니다.

CHECK POINT ──── 03

- 다수가 협의해서 의사결정을 하는 면접의 경우, 너무 눈에 띄게 두드러져서는 안 된다.
- 너무 나서지도 말고 너무 처져서도 안 된다.

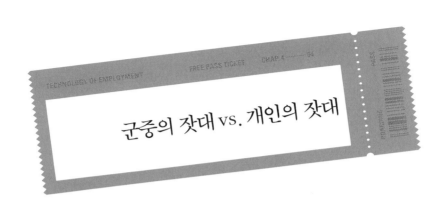

군중의 잣대 vs. 개인의 잣대

이번에는 면접관이 한 명인 경우와 두 명 이상인 경우의 차이점을 알아보겠습니다.

면접관이 한 명일 경우의 면접은 '대화'가 됩니다. 그러나 면접관이 다수인 경우, 면접은 형식적으로 변합니다. 한 명의 면접관과 대화하는 면접은 여러분이 눈치껏 그 면접관의 마음에 들도록 말하고 행동하면 됩니다. 하지만 면접관이 두 명 이상인 경우, 각 면접관의 개인적 성향보다는 사회에서 보편적으로 통용되는 잣대, 즉 군중의 잣대가 더 중요한 변수로 떠오릅니다. 무슨 말이냐 하면 면접관들끼리 면접을 보면서 서로 눈치를 보게 된다는 것이지요.

한 가지 예를 들어보겠습니다. 면접관이 한 명인 경우엔 여러분이 독한 향수를 뿌리고 면접실에 들어가도 큰 문제가 아닐 수 있습니다. 사람에 따라 오히려 더 도움이 되는 경우도 있겠지요. 하지만 다수의 면접관이 있는 방에 향수를 뿌리고 들어가면 바로 군중의 잣대가 작동합니다. 본인의 가치 기준과는 별도로 사회적 통념상 진한 향수를 뿌리고 면접을 보러 오는 후보자는 바람직하지 못하다고 여긴다는 것을 서로 알기 때문입니다.

개인 면접일 경우, 향수 뿌리고 면접을 보는 것에 거부감이 없는 면접관이라면 문제를 삼지 않습니다. 하지만 일단 다수의 면접관이 참여하는 면접일 경우, 본인의 취향보다 남들이 어떻게 여길지에 대해 더 주의를 기울이게 됩니다. '나'는 일단 접어두고 '우리'라는 인격으로 변해서 좀 더 객관적인 잣대로 면접을 진행하려는 것이지요.

개인 면접에서는 아무런 문제가 되지 않을 친근한 말투도 다인 면접 시에는 감점 요인입니다. 개인 면접 자리에서 '다, 나, 까' 식의 형식적이고 딱딱한 말투로 얘기하면 듣는 면접관을 어색하고 불편하게 만들 수도 있지만 다인 면접 시에는 '다, 나, 까' 식이 군중의 잣대 측면에서 더 긍정적인 평가를 받습니다.

또 개인 면접 때 면접관을 향해 생글생글 미소하며 매력적으로 얘기하는 여성은, 사람마다 차이는 있겠지만 대부분 좋은 인상을 줄 수 있겠지요. 하지만 여러 면접관이 있는 자리에서 지원자가 콧소리를 섞어가며 생글거리며 얘기한다면 어떨까요? 아마 다들 속으로는 좋으면서도 겉으로는 부정적으로 평가할 것입니다. 아니, 부정적으로 평가해야만 한다고 생각할 것입니다. 그것이 군중의 잣대라고 여기기 때문입니다.

따라서 분명히 누구에게는 호감의 요소로 작용할 수 있지만 조금이라도 군중의 잣대 측면에서 부정적으로 보일 가능성이 있다고 생각된다면 조심해야 합니다.

일단 모두의 눈에 쉽게 띌 수 있는 부분에 주의를 기울여 체크합니다. 헤어스타일, 화장, 옷차림, 향수 등 나의 외적인 부분부터 내가 지원하는 회사가 가지고 있을 법한 군중의 잣대에 거슬리는 부분이 없는지 확인해야 합니다.

그다음으로 신경 써야 하는 부분은 태도입니다. 지각하지 않는 건 말할 필요도 없지요. 또 면접 약속을 지원자 측의 사정으로 미루거나 약속 시간을 바꾸는 것 역시 감점 요인입니다. 어쩔 수 없는 사정에 의한 것이라 할지라도 확실한 건 여러분이 회사에 어떤 식으로든 불편을 끼쳤다는 것이지요. 그런 이유로 지원자를 탈락시키지는 않겠습니다만, 그렇지 않은 지원자에 비해 상대적으로 마이너스 요소를 안고 면접에 들어가게 되는 것입니다.

어쩔 수 없이 지각했더라도 "차가 너무 막혀서요"라는 변명은 아예 하지 않는 편이 좋습니다. 차가 막혀 늦었다는 얘기는 그 진실 여부와 무관하게 일단은 거짓말로 들립니다. 본인은 물론 모두 늦을

면접관이 한 명인지 다수인지에 따라서
여러분을 평가하는 잣대가 확연히 달라진다는 사실을
꼭 기억해야 합니다.

때마다 그런 거짓말을 하니까요. 지각한 사람이 늦을 수밖에 없었던 이유를 증명할 수 없다면 아예 변명하지 말아야 합니다. 듣는 사람은 겉으론 "예, 괜찮습니다" 하겠지만 속으론 감정이 상합니다. 이리저리 변명하려 드는 사람, 그것도 머리가 안 돌아가 뻔한 변명이나 하는 사람으로 보입니다. 차라리 "정말 죄송합니다. 변명의 여지가 없습니다"라고 용감하게 말하는 편이 이 상황에선 가장 좋은 태도라고 생각합니다. 군중의 잣대는 변명하는 사람은 나쁜 사람, 자신의 잘못을 솔직하게 뉘우치는 사람은 좋은 사람이라고 말하기 때문입니다.

군중의 잣대를 좀 더 쉽게 이해하기 위해서는 인터넷 댓글을 읽어보면 됩니다. 인터넷 댓글의 세계는 그 사회만의 독특한 선악관이 존재합니다. '댓글러'들이 인정하고 열광하는 인격과 발언이 있고, 순식간에 매장 당하는 인격과 발언이 있습니다. 개인적으로 대화를 나눌 때는 누구라도 이해하고 전혀 문제가 없는 의견이 일단 인터넷에 올라가면 전혀 다른 잣대로 평가받게 됩니다. 이것이 군중의 잣대와 개인의 잣대의 차이입니다.

면접관이 한 명인지 다수인지에 따라서 여러분을 평가하는 잣대가 확연히 달라진다는 사실을 꼭 기억해야 합니다.

- 개인의 가치관은 군중의 가치관과 다른 경우가 많다.
- 여러 명의 면접관이 있는 면접 자리에서는 본인 개인적 취향을 최대한 감추어라.

면접의 DO & DON'T

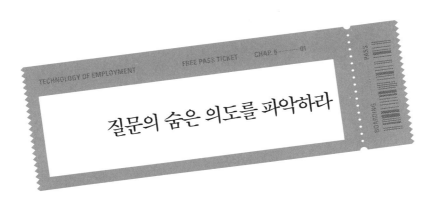

질문의 숨은 의도를 파악하라

    면접관은 여러분이 하는 말의 내용보다 여러분의 말하는 방식이나 태도를 더 관심 있게 관찰합니다. 다시 말해 면접은 면접관이 여러분의 이야기를 듣고 여러분에게 배우는 자리가 아니라 여러분이 면접관에 의해 판단을 당하는 자리라는 것입니다. 사람은 어떤 방식으로 타인을 판단할까요? 바로 관찰을 통해서입니다. 면접관은 여러분을 더 많이 더욱 자세히 관찰하기 위해 여러분이 더더욱 말을 많이 하도록 유도합니다. 면접관이 여러분에게 질문하는 이유가 바로 이것입니다.

    노련한 면접관은 평범한 질문보다는 뭔가 여러분이 말하고 싶지 않을 것 같은 부분의 이야기를 끄집어내기 위해 유도 질문을 합니다. 그러니 어떤 질문을 받으면 순진한 마음으로 그저 물어보는 내용에 충실히 대답하는 데에만 신경을 쓸 것이 아니라 대답을 어떤 방식으로 어떤 표정으로 어떤 태도로 할지에 더 주의를 기울여야 합니다. 아무리 그 순간 바로 말해야 할 것 같은 이야기가 떠오르더라도 면접관의 말을 중간에 끊어서는 안 됩니다. 억울한 상황에 몰리는 경우가 생기더라도 얼굴이 벌겋게 상기되어 목소리를 높이거나 우겨서는 안 됩니다. 당황하는 표정을 보여줘서도 안 됩니다. 상대는 내 말의 내용을 듣는 게 아니라 말하는 나의 태도를 보고 있다는 것을 잊지 마십시오.

유도 질문은 주로 지원자의 플러스 부분보다 마이너스 부분에 집중되게 마련입니다. 별로 밝히고 싶지 않은 과거의 성장 배경, 이전 회사에서 있었던 상사와의 마찰, 남보다 긴 구직 기간, 재직 공백 기간처럼 지원자가 스스로 말하려고 하지 않는 부분 등에 대해서 마치 본인은 다 이해한다는 식의 태도로 질문을 던집니다. 그런 점이 일하는 데 오히려 더 도움될 수도 있지 않느냐며 좀 더 자세히 이야기해보라고 재촉합니다. 이런 것들이 유도 심문입니다. 이런 질문에는 길게 답하지 말고 간략하게, 묻는 부분에 대해서만 대답한 뒤 다음 질문으로 넘어가도록 역으로 유도해야 합니다. 주어진 면접 시간 안에 어둡고 우울한 이야기가 많아지면 지원자의 전체적인 이미지도 우울해집니다. 면접 자리에서는 늘 밝고 기분 좋은 대화가 많이 오가도록 신경 써야 합니다.

많은 경우 '사람에 대한 판단'은 면접관들의 기존 선입견에 의해 이루어집니다. 그래서 이 시대에 만연한 선입견들, 색안경들, 고정관념 등에 대해 미리 파악해야 하고 인정해야 합니다. 그리고 더 나아가 역으로 이용해야 합니다. 아무리 본인이 당당하다고 생각되는 내용들도 만일 사회의 보편적 선입견에 비추어 부정적 이미지를 조금이라도 줄 수 있다고 판단되면 굳이 밝힐 필요가 없습니다.

아주 단적인 예로, 영업 부서 직원을 뽑는데 본인은 채식주의자라고 밝힌다면 면접관들은 어떤 기분이 들까요? 얼핏 들으면 채식과 영업 업무가 무슨 상관이냐고 할 수 있겠지만 선입견의 세계에서는 분명히 연관이 있습니다. 영업 부서는 외근이 많고 여러 사람과 함께 허물없이 어울려야 합니다. 그러다 보면 식사 및 술자리도 잦아집니다. 그런데 그럴 때마다 식당에서 새파란 영업 사원이 "아, 저는 육식은 못합니다, 채식만 먹습니다"라고 한다면 분위기가 어떻게 될까요?

반대로 본인에게 면접관의 긍정적 선입견을 자극할 만한 요소가 있다면 그 점을 면접 자리에서 강조해야 합니다. 만일 여러분이 외국계 화장품 브랜드의 홍보팀이나 마케팅팀에 지원한다고 칩시다. 만일 여러분이 채식주의자라면 이때는 그 점을 꼭 말해야 합니다. 그런 종류의 회사들은 외국 물 먹은 직원들도 많고 외국인 임원도 많습니다. 이들의 상당수가 채식주의자들이고 또 채식을 하는 사람에 대해 좋은 이미지를 가집니다. 갑자기 지원자가 소신도 있어 보이고 그 주변 환경이 세련되었을 것처럼 느껴지지요.

그래서 면접관들이 가지고 있는 긍정적 선입견이 무엇인지를 생각해봐야 합니다. '유기견이나 아프리카의 난민들을 돕는 활동에 참여한다', '고양이를 키운다', '요가를 한다', '취미로 주말에 그림을 그린다', '미술관을 보기 위해 유럽 여행을 간다', '주활동 지역이 청담동이다', '요즘 뜨는 핫한 클럽에 자주 간다', '쇼퍼홀릭이다'와 같은 이미지들 아닐까요? 물론 과해서 부작용이 생기지 않도록 다른 업무적 능력과 함께 균형감 있는 어필을 해야겠지요.

CHECK POINT —— 01

- 본인에게 도움되지 않을 불필요한 이야기는 아예 먼저 꺼내지도 마라.
- 밝고 기분 좋은 내용의 대화만 나눠라.

보편적 선입견에 비추어 부정적 이미지를
조금이라도 줄 수 있다고 판단되면 굳이 밝힐 필요가 없습니다.

단점은 내게 도움될 만한 것만 이야기하라

"본인의 장점과 단점에 대해서 말해보세요."

면접 때마다 꼭 나오는 질문입니다. 대부분의 경우 장점은 잘 준비해서 이야기하는 반면, 단점 부분에서는 머뭇거립니다. 그러다 대충 아무거나 떠오르는 대로 말하고 답변을 서둘러 마무리하죠.

본인의 장단점에 대한 모범 답안은 늘 머릿속에 미리 준비해놓고 있어야 합니다. 어떤 종류의 질문이든 대답이 명쾌하지 않으면 질문자의 기분이 개운치 않습니다. 장단점을 물어봤는데 장점만 얘기하고 단점을 얘기하지 않으면 방금 말한 본인의 장점도 허공으로 날아가버립니다. 답변이 완전하지 않았기 때문에 그 질문 자체를 스킵,

즉 없던 걸로 여기려 하죠.

사람은 장단점 모두를 분석한 후 내리는 결정에 더 편안함을 느낍니다. 장점이든 단점이든 어느 한쪽에 치우친 정보를 습득하면 아무리 그 정보가 강력하고 확신이 들더라도 판단을 유보하고 싶은 심리가 있습니다. 양쪽 이야기를 다 들어야 비로소 마음의 결정을 내리지요.

그래서 지원자 입장에서는 굳이 단점을 이야기하고 싶지 않아도 반드시 해줘야 합니다. 단, 여러분의 입사에 부정적 영향을 주지 않을 단점만 이야기하면 되지요. 면접관은 '단점이 무엇이냐?'는 질문지의 빈칸을 채우는 데에만 관심이 있지, 진짜로 여러분의 단점이 무엇인지 파고들어 진실을 밝히려는 마음은 없습니다. 답안지의 빈칸만 채워주면 여러분의 할 일은 끝납니다.

그래서 사전에 반드시 모범 답안을 준비해야 합니다. 준비하지 못한 상태에서 갑자기 단점이 뭐냐는 질문을 받으면 당황해서 머뭇거리다가 진짜 단점을 말해버리는 수가 있기 때문입니다.

왜 진짜 단점을 이야기하나요? 확인해볼 수 있는 것도 아니고 앞으로 고칠 수도 있는 것이 단점인데 어째서 과거의 단점을 곧이곧대로 고해성사하듯 생면부지의 면접관 앞에서 실토하나요? 단점을 고백한 지원자에게 면접관들은 솔직하게 얘기해줘서 고맙다고 생각할까요? 그래서 더 후한 점수를 줄까요? 절대 그렇지 않습니다. 둘중 하나입니다. 단점 그 자체 때문에 면접 점수가 깎이거나 아니면

너무 순진하고 눈치 없어 보여 점수가 깎이는 거죠.

　앞서 서류전형을 설명한 부분에서 몇 가지 단점에 대한 샘플 답안을 거론했습니다. 단점은 상대적 개념이고 그래서 아무거나 얘기해도 넘어갈 수 있다는 점, 그러므로 이왕이면 장점이라고 보일 수 있는 것들을 단점이라고 얘기해도 된다, 이도 저도 아니면 농담처럼 재미있는 답변을 해서 분위기 좋게 위기를 넘기라고 말했지요. 그래서 "일을 시작하면 다른 걸 다 잊고 거기에만 빠져 너무 열심히 하는 게 저의 단점입니다" 하는 식도 좋습니다. 아니면 이런 식의 닭살 돋는 이야기는 어떨까요?

　"너무 마음 여린 것이 저의 단점입니다. 저는 남의 부탁 거절을 잘

못해서 사서 고생하는 경우가 많다고 주위에서 그러더군요. 하지만 저는 괜찮습니다. 보람을 느끼기 때문이죠."

좀 지어낸 티는 나지만 "저의 단점은…… 음…… 글쎄요 죄송합니다. 잘 모르겠습니다"와 같은 답변보다는 훨씬 낫습니다.

물론 최악의 시나리오는 본인의 치명적 단점을 곧이곧대로 얘기하는 것이겠지요. 게으르다, 책임감이 부족하다, 뒷마무리가 약하다, 의욕만 앞선다, 숫자에 약하다, 친구가 별로 없다, 성격이 불같다 등등……. 이런 단점들을 이야기하는 순간 면접은 사실상 종료된다는 사실을 반드시 명심하세요.

CHECK POINT ——— 02

- 본인의 단점을 솔직하게 말하지 마라.
- 단점은 내게 도움될 만한 것만 말하라.

심각한 이야기,
논리적인 이야기를 피하라

면접을 하다 보면 면접관들과 의견이 달라서 대화가 가열되고 분위기가 심각해지는 경우가 있습니다. 대부분의 면접관은 면접을 하고 싶어서 하는 게 아니라 할 수 없이 하는 것이라는 점을 명심해야 합니다.

사실, 그들은 면접 자리에 앉아 있는 것을 귀찮아합니다. 그래서 면접이 빨리 끝나길 바랍니다. 상황이 이런데 심지어 대화가 심각해지고 분위기가 살벌해진다면 과연 여러분에게 도움될까요?

남녀가 처음 만나는 자리에서 절대로 피해야 할 대화 주제가 종교, 정치라고 합니다. 자칫 대화가 과열되고 분위기를 망칠 수 있기 때문이지요. 그다음에 피해야 할 것이 심각한 이야기, 논리적인 이야기입니다. 아무리 좋은 내용이라도 듣는 사람이 지치고 피곤해지니까요. 여자 입장에서는 아무리 내용이 좋은 얘기라도 '이런 사람하고 사귀면 인생이 피곤해지겠다' 하는 생각이 들겠지요. 남자 입장이라면 '이 여자는 작은 부분까지도 자기 방식대로 상대방을 이기려 드는 성향이 강하군, 피곤하겠어!' 하고 생각합니다.

면접 자리도 다르지 않습니다. 일단 다양한 의견이 나올 것 같은 대화의 소재는 피하는 게 좋습니다. 그런 종류의 질문은 면접관이 당신을 곤경에 빠뜨리기 위해 유도 심문을 할 때나 하는 것이지, 여러분 스스로가 자기 무덤을 팔 필요는 없습니다. 특히 종교, 정치를 비롯해 무슨 이즘, 무슨 이데올로기 같은 소재는 아예 꺼낼 필요가 없습니다. 이런 이야기를 소재로 여러분의 장점을 이끌어내기란 정말 힘듭니다. 불필요하게 부정적 선입견만 자극할 수 있습니다.

회사에 대한 심각한 이야기도 피하는 게 좋습니다. 회사가 겪고 있는 위기 상황이나 안 좋은 이미지처럼 민감한 부분을 언급한다면 갑자기 관심이 온통 그 소재에 집중될 것입니다. 여러분의 장점을 어필할 기회도 없이 대화가 온통 그 이야기로만 채워지죠. 심한 경우, 여러분을 앞에 앉혀놓고 자기들끼리 한참 동안 그 소재에 대해 토론하기도 합니다. 그러다 주어진 면접 시간은 다 끝나고 여러분은 제대로 얘기도 못해본 채 방에서 나와야 합니다.

또 주의해야 할 점은 절대로 면접관과 논리적으로 싸우려 들지 말

라는 것입니다. 아무리 여러분이 면접관과 의견이 다르고 확신이 있더라도 면접관을 이기려 해서는 안 됩니다. 특히 여러 명의 면접관 중 한 명과 여러분이 의견 충돌이 일어났다, 그런데 여러분이 물러서지 않고 계속 자기주장을 관철시키려 한다면 어떻게 될까요?

그 면접관 입장에서는 여러분을 논리적으로 제압하지 못하면 남들 앞에서 큰 망신을 당할 수도 있는 절체절명의 위기 상황에 놓인 셈입니다. 앞서 면접관들의 정치적 상황에 대해 설명했습니다. 그들은 여러분을 면접하는 그 순간에도 서로 경계하고 판단하면서 자기들끼리의 면접을 보고 있습니다. 거기에 여러분이 불을 지른 것이지요.

설사 말싸움, 논리 싸움에서 여러분이 보기 좋게 한 면접관을 무릎 꿇린다면 여러분이 면접에 합격할 수 있을까요? 어림도 없지요. 반대로 말싸움, 논리 싸움에서 여러분이 면접관에게 완패를 당했다고 칩시다. 이것이 여러분을 좋은 이미지로 보이게 만들까요? 그것 역시 아닙니다. 어쨌든 싸움에서 졌으니 무능해 보이겠지요.

그래서 가장 좋은 것은 디베이팅Debating, 즉 논란거리가 될 만한 이야기는 아예 꺼내지도 않는 것입니다. 이거도 마이너스, 져도 마이너스입니다. 들어서 기분 좋아지고 공감하고 싶은 이야기만 해야 합니다. 이 사람과 같이 일하면 왠지 신나고 행복한 일들이 많이 생길 것 같은 느낌을 줘야 합니다.

이것이 면접의 핵심입니다. 면접관의 머릿속에 기분 좋아지는 그림을 그려줘야 합니다. 같은 스토리라도 그 장소가 영등포 시장에서 벌어지는 이야기와 프랑스 휴양지 바닷가 마을에서 벌어지는 이야기는 듣는 기분부터가 다릅니다. 영등포 시장 이야기는 왠지 인상을 찌푸리면서 듣게 되고 프랑스 휴양지 바닷가 마을 이야기는 듣는 동안 절로 입가에 미소가 피어납니다.

단어들 중에도 긍정적으로 좋은 느낌을 주는 것이 있는 반면, 내용과 무관하게 듣기만 해도 부정적이고 어두운 느낌을 주는 것도 있습니다. 투쟁, 바닥, 고생, 극복, 어두움, 검정색, 마찰, 협상, 보상, 요구, 대가 같은 단어들은 그 자체로는 아무 죄가 없지만 계속 들으면 왠지 어둡고 불길한 기운이 느껴집니다. 하지만 화해, 우정, 행운, 여유, 햇살, 핑크색, 기부, 봉사, 보너스 같은 단어는 앞서의 단어에 비해 듣는 기분이 완전히 다릅니다. 같은 내용의 이야기를 하더라도 이처럼 들으면 기분이 좋아지는 단어들을 최대한 많이 사용해야 합니다.

이미 여러분의 언어 습관은 어떤 형태로든 길들여져 있을 것입니다. 단지 여러분이 알아차리지 못할 뿐이지요. 본인 스스로가 얘기하는 것을 녹음해서 들어보면 큰 도움이 될 겁니다. 같은 뜻이라도 내가 자주 사용하는 단어, 표현 들이 부정적인 것인지 아니면 그 반대의 것인지 한번 체크해보세요. 이런 노력은 비단 면접뿐만 아니라 여러분의 삶 전체에 좋은 영향을 미칠 것입니다.

CHECK POINT ——— 03

- 심각한 이야기나 논란거리가 될 만한 이야기는 꺼내지 말라.
- 절대로 면접관과 논리적인 언쟁을 피하라. 이겨도 손해이고, 져도 손해이다.
- 들어서 기분 좋아지는 단어들을 많이 사용하라.

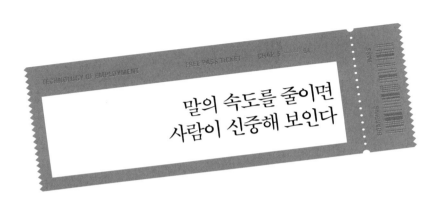

'말의 속도를 줄이면 사람이 신중해 보인다!'

'중저음의 목소리로 말하는 남자는 왠지 더 믿음이 간다!'

이 역시 선입견에 대한 부분이므로 옳다 그르다 다툴 필요가 없습니다. 그냥 그런가 보다 하면 되지요. 물론 많은 이가 공감하는 선입견이고 영화나 드라마만 봐도 인정할 수밖에 없는 부분입니다.

선입견을 영어로 'stereotype'이라고 합니다. 전형성을 뜻합니다. 흑인은 농구를 잘할 것 같고, 아시아인은 수학을 잘할 것 같아 보입니다. 하이힐을 자주 신는 여자는 사교적일 것 같고, 매일 운동화만 신는 여자는 그렇지 않아 보입니다. 이 모든 것이 선입견, 스테레오

타입입니다.

영화나 드라마 속 주인공들의 여러 가지 공통적 특징 중 눈에 띄는 것이 '말하는 속도가 빠르지 않고 여유 있다'는 점입니다. 말이 빠른 사람은 주로 악당, 그것도 보스급이 아닌 그 아래의 급입니다. 조무래기로 갈수록 말하는 속도가 더 빨라지지요. 보스는 중저음의 목소리로 항상 느릿느릿 말합니다. 그럴수록 하는 말에 무게감이 더 실립니다. 고음의 목소리로 조잘대는 말투는 제대로 내용을 생각해보지도 않고 튀어나오는 대로 말을 내뱉는 느낌을 줍니다. 말이 빨라지면 발음도 부정확해지고 누가 듣더라도 왠지 좀 모자라 보이지요. 빠르게 내뱉는 말은 그 사람이 심적으로 흥분한 것처럼 보여 상대방을 경계하게 만들기도 합니다.

말을 빨리 하는 사람이 더 명석해 보인다고요? 경우에 따라 다르겠지만 절대로 주인공이나 영웅답게 보이지는 않습니다. 첩보영화에서 보면 중간에 총을 맞든지 급사하는 역할의 배우들은 말이 아주 빠릅니다.

발음이 정확하지 않거나 혀 짧은 소리가 나는 것도 마찬가지입니다. 내용이 아무리 그럴싸해도 말하는 사람이 매력이 없으면 말도 귀에 잘 안 들어옵니다.

여자의 경우도 마찬가지입니다. 여자 아나운서의 모습을 머릿속에 한번 떠올려보면 좋습니다. 여성 차별이라는 이슈가 될 수도 있습니다만, 기업은 여성을 뽑을 때 미래의 리더나 보스를 바라는 경우는 많지 않습니다. 여성을 뽑을 땐 영화 속 주인공 이미지보다는 똑똑하고 매력 넘치는 아나운서 같은 이미지를 선호하지요.

그들은 일단 발음이 정확합니다. 나긋나긋하고 친절하고 상냥한 말투로 자기주장을 똑 부러지게 전달합니다. 말의 속도는 빠르지도 않고 느리지도 않습니다. 어쩔 때는 빠르다가도 중요한 부분을 이야기할 때는 살짝 느려지면서 단어마다 악센트를 주면서 강조합니다.

면접과 서류전형의 가장 큰 차이가 뭔지를 생각해보세요. 직접 말하는 모습을 보고 싶기 때문에 면접을 보죠. 서류상에서 호감을 준 지원자를 실제로 만나 대화를 나눠보고 싶어서, 여전히 호감이 드는지를 확인하고 싶어서 면접을 보는 것입니다. 영어에 'RE-Confirmation, Double Checking'이라는 표현이 있습니다. 면접에 초대되었다는 것은 지원한 회사 측에서 이미 서류전형을 통해 여러분에게 어느 정도 호감을 가지고 있다는 뜻입니다. 제로베이스에서 주어진 면접 시간 동안 여러분이 어떤 사람이고 왜 지원했고 장점은 무엇이라는 등 모든 내용을 전달할 필요가 없습니다. 그들은 이미 여러분을 어느 정도 파악하고 마음에 들었기 때문에 기대를 가지고 면접으로 만나는 것입니다. 따라서 여러분의 사소한 습관들이 그런 기대를 깨뜨리지 않도록 조심해야 합니다.

이런 습관을 잡아내는 방법 역시 여러분의 목소리를 녹음해서 들어보는 것입니다. 사람은 본인의 목소리를 실제로 타인이 듣는 것보다 훨씬 저음으로 듣는다고 합니다. 말할 때 귀 근처의 뼈가 울려서

베이스 주파수가 더 증폭된다는 것이지요. 따라서 본인의 목소리가 그럴싸하게 들릴지라도 그게 타인에게도 똑같이 들릴 거라 생각해서는 안 됩니다.

그래서 꼭 녹음된 자기 목소리를 들어봐야 합니다. 이것저것 생각해볼 필요도 없이 일단 본인의 녹음된 목소리를 들어보면 뭐가 어색한지, 무엇을 보완해야 하는지, 누구든 금방 알아차릴 것입니다. 지금 바로 책을 덮고 스마트폰으로 단 몇 마디라도 녹음해서 본인의 목소리를 한번 들어보세요.

CHECK POINT ——— 04

- 남자의 경우 중저음의 톤으로 천천히 말하라.
- 자신의 목소리를 녹음해서 들어보라.

강약 조절, 약간의 거리감은 관계를 끌어당긴다

아무리 매력적인 지원자라 할지라도 조급해 보이면 왠지 호감도가 떨어집니다. 조건이 너무 완벽해서 당장 내일이라도 출근시키고 싶은 마음이 들었다가도 지원자가 '여기 아니면 갈 데 없다'는 식으로 나오면 잠깐 더 생각해보고 결정해야겠다는 마음이 들지요.

연애관계에서의 '밀당'이 짧은 면접 시간 안에서도 존재합니다. 전설적인 픽업아티스트 '미스터리'는 '대어'를 낚을 때는 반드시 도우미들을 활용한다고 합니다. 자신보다 훨씬 높은 수준의 타깃 예를 들어 슈퍼모델에게 말을 걸 때는 반드시 사전에 미리 이야기가 된 미녀 도우미 두 명을 옆에 끼고 간다고 합니다. 그래야 비로소 상대방이 관심을 보인다고 하네요. 슈퍼모델은 본인에게 말을 건 그 남자 자체가 마음에 들었다기보다는 다른 여자들과의 경쟁에서 지고 싶지 않은 것이지요. 본인은 슈퍼모델이기 때문에 그만큼 자존심이 셀 테고 그래서 자존심을 건드렸을 때 넘어올 확률이 높아진다는 것입니다.

반대의 경우를 생각해볼까요? 초저녁, 클럽 문이 열리기 무섭게 부킹을 했는데 너무 마음에 드는 여자가 전화번호를 주며 밖에서 꼭 만나자고 합니다. 그러면 남자는 본래의 목적을 100퍼센트 달성했으니 바로 여자에게 전화해서 함께 클럽을 나갈까요? 그런 남자는 한 명도 없을 겁니다. 대부분이 '일단 한 명은 보험 들어놨고, 자, 이제부터 본격적으로 시작해보자'라는 마음으로 더 열심히 부킹을 할 것입니다. 오늘 일진이 좋다고 생각하면서 말이지요.

놓친 물고기가 더 아깝다는 이야기가 있지 않나요? 여러분은 면접관들에게 '자칫하다간 놓칠 수도 있다'라는 사실을 항시 일깨워줘야 합니다. 너무 노골적이면 건방져 보이고 자존심을 자극하게 됩니다. 튕기는 모습이 절대로 수면 위로 드러나서는 안 됩니다. 간접적인 이야기나 말투 등에 배어나게 하는 것이 제일 좋습니다.

물어보지도 않았는데 자기가 먼저 "저 여기 말고 다른 데도 면접이 잡혀 있습니다"라고 말한다면 상대방 기분이 어떨까요? '너 그냥 거기 가지, 여긴 왜 왔니' 하는 식으로 받아치기 딱 좋습니다. 다행히 면접관이 여기 말고 또 어느 회사에 지원했냐고 물어봐주면 제일 좋은 시나리오겠지요. 혹시 한 곳에만 지원했더라도 절대 그렇게 얘기해서는 안 됩니다.

그런 질문을 제가 받는다면 그 회사의 경쟁사나 또는 한 단계 더 높은 수준의 직장에 지원했다고 이야기하겠습니다. 실제로 지원한 적이 없다면 지원할 예정이라고 얘기해도 됩니다. 그 자체만으로 상당한 자극이 됩니다.

CHECK POINT ——— 05

- 면접에서도 '밀당'이 필요하다.
- 반드시 다른 회사에도 지원한 상태라는 티를 내야 한다.

TECHNOLOGY OF EMPLOYMENT   FREE PASS TICKET   CHAP 5 ~~~ 06

대부분의 면접관은 정치적으로 보수적이다

채용 결정에 영향을 끼치는 선입견들 중에서 여러분이 꼭 알아야 할 중요한 것이 하나 더 있습니다. 바로 정치 성향입니다. 여러분이 만나게 될 면접관의 정치 성향은 대부분 보수적이라고 생각하는 편이 안전합니다. 이 책의 목적은 여러분의 취직을 돕는 것입니다. 어떻게 하면 본인의 스펙으로 더 좋은 회사에 입사할 수 있는지에 대한 가이드북, 그 이상도 이하도 아닙니다. 제가 여러분의 정치 성향에 대해 무엇이 옳다 그르다, 라고 하는 게 아니라는 점을 알아주었으면 합니다.

결론부터 말하면 절대로 진보적 성향의 티를 내서는 안 된다는 것입니다. 면접관들은 우리나라 인구 중 아주 소수 집단에 불과합니다. 물론 그들이 기성사회를 대변하는 건 절대로 아닙니다. 아주 운이 좋았거나, 아주 능력이 뛰어났든가, 아니면 온갖 권모술수를 동원해 그 자리에 오른 사람들입니다. 인터넷이나 TV상에서 아무리 좋은 사람으로 비춰지더라도 실제로는 그런 인격자가 아닐 수 있습니다. 겉으로는 너그럽고 인자한 인물처럼 보이지만 속으론 그런 것과는 아주 거리가 먼 사람일 수도 있습니다. 물론 그렇지 않은 이들도 많지만 일단은 가장 최악의 상황을 고려해보는 것이 지금 여러분 입장에서는 안전합니다. 조심해서 손해를 볼 일은 없습니다.

한번 생각해보십시오. 기업의 오너나 임원까지 오른 사람들이 과연 변화를 원할까요, 유지를 원할까요? 생각해볼 것도 없이 그들은 현상 유지를 원합니다. 지금 사회가 문제투성이이고 개선할 것들이 눈에 뻔히 보이더라도 '일단은 알겠는데 그건 내 다음 세대에 바뀌었으면……' 하는 마음을 가지고 있습니다. 지금 누릴 것 다 누리고 있는데 뭔가 개선되어봤자 본인 입장에서는 지금보다 더 좋아질 게 없기 때문이죠. 신입 사원을 자주 뽑으면, 결국 돌고 돌아 그만큼 자기 자리를 비워줘야 하는 시점이 빨라지는 셈이라 사람을 채용하는 것도 사실 그리 달갑지 않습니다. 예전과 달리 경기도 안 좋아서 회사가 빠르게 성장하는 것도 아니고 자릿수는 정해져 있는데 오너가 자꾸 젊은 사람 뽑으라고 하면, 결국 늙은 사람들 나가라는 뜻 아니겠습니까? 그래서 채용 자체를 그리 탐탁지 않아 하는 임원들도 많습니다. 게다가 지원자가 진보 성향이 풀풀 풍기는 사람이라면 이들은 어떻게 생각할까요?

얼마 전 〈SNL KOREA Saturday Light Live, KOREA〉라는 예능 프로그램에서 기업 면접을 다룬 내용의 꽁트를 봤습니다. 최종 면접 자리에서 두 사람이 마지막 순간까지 경쟁하는 이야기인데, "마지막으로 회사에 하고 싶은 말이 있느냐"라는 면접관의 질문에 한 지원자가 상대방을 KO시키는 결정타를 날립니다. 그 대사가 바로 "저는 절대로 노조에 가입하지 않겠습니다!"였습니다. 이 한마디에 면접관의 얼굴에 화색이 돌고 꽃가루가 방 안에 날립니다. 상대편 지원자는 "아, 졌다……"라고 중얼거리면서 무릎 꿇고 패배를 인정합니다. '저 SNL 작가가 뭔가를 좀 아는구나'라는 생각이 들었습니다.

정말 실제로도 그렇습니다. 겉으로 얘기를 안 할 뿐, 오너나 임원들이 가장 신경 쓰고 꺼리는 부분이 바로 '노조 이슈'입니다. 심지어 제 주변엔 자기 회사에 노조가 만들어지면 자긴 회사 팔아버리고 일을 관두겠다는 오너들도 있습니다. 아직 그만큼 우리 사회가 후진적이고 의식 전환이 안 되었다는 이야기이지만 여러분이 그렇게 애를 쓰고 취직하려는 회사 대부분이 이런 수준임을 알아야 합니다. 정말 노동 환경을 바꾸고 개혁해야겠다고요? 어쨌든 우선 입사를 해야 그다음이 있지 않을까요? 일단 회사에 취직을 해야 합니다. 여러분은 적어도 채용 과정 중에는 진보주의자가 아니어야 합니다.

요즘 공기업들의 면접에서 지원자의 정치관에 관한 직접적 질문

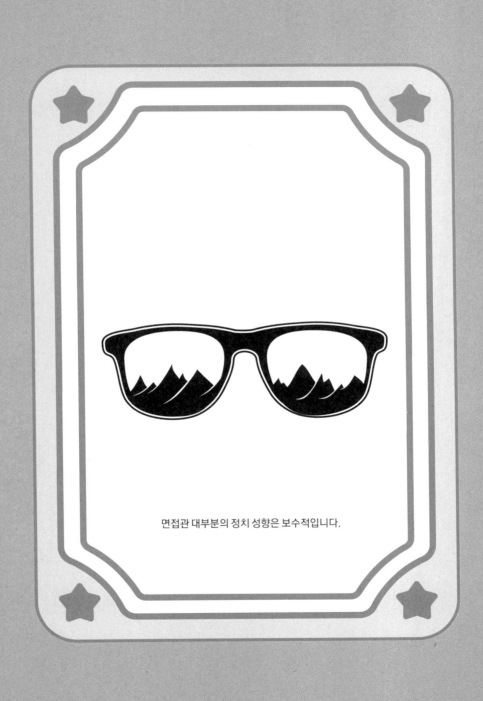

면접관 대부분의 정치 성향은 보수적입니다.

을 금지시켰다는 뉴스를 봤습니다. 그만큼 그런 질문들이 과거에 많았다는 방증이겠지요. 하지만 정치 성향이 진보적이냐 보수적이냐에 대한 판단은 꼭 직접적 질문을 통하지 않아도 알 수 있습니다. 노련한 사람이라면 질문에 답하는 말투, 태도만 봐도 금세 지원자의 성향을 알아차립니다. 간접적으로 돌려서 물어볼 수도 있습니다. 어떤 가상의 상황에 대한 의견이나 역사 속 인물에 대한 평가를 묻는 거죠. 이럴 때 여러분은 그 인물이나 상황을 최대한 날카롭게 평가하고 분석하되 진보주의자처럼 이야기해서는 안 됩니다.

그렇다고 보수적으로만 이야기해서도 안 됩니다. 사회에 꼭 필요한 변화와 개혁은 시스템의 근본이 유지된 상태에서 시도되어야 더 효과적일 수 있다는 식으로 답해야 합니다. 그렇다고 새파랗게 젊은 사람이 극우 보수처럼 얘기하면 애늙은이인지 일베인지 오히려 더 이상하게 보일 수 있습니다.

대부분의 면접관은 요즘 젊은이들은 거의 다 진보라고 생각하고 이미 마음의 준비를 하고 있기 때문에 너무 걱정할 필요는 없습니다. 단, 어느 수준을 넘어서는 순간 바로 빨간불이 들어옵니다. 일단 진보라는 냄새를 맡으면 면접관들의 유도 심문이 시작됩니다. 돌려서 물어보기도 하지만 기분을 상하게 하는 질문으로 성질을 건드리기도 합니다. 이때 여러분은 사람들이 진보에 대해 어떤 선입견을 가지고 있는지 생각해보고 그런 모습을 보이지 않도록 조심하면 됩니다. 과격한 진보들은 특유의 말투가 있습니다. 이들은 말을 할 때

조사를 자주 생략합니다. '저 아무개는 무엇보다 여성 인권을 먼저 챙기도록 하겠습니다'라는 말과 '저 아무개, 여성인권… 먼저 챙기 겠습니다'라는 말의 어감이 다릅니다. 아무래도 후자 쪽이 더 진보 스럽지요.

또 보수 성향의 이들은 말하는 태도가 여유로운 반면에 진보 성향 의 이들은 좀 급합니다. 아무래도 발언 기회 자체가 보수에 비해 자 주 주어지지 않다 보니 일단 주어진 기회에 가능한 한 더 많은 내용 을 쏟아내려는 것이겠지요. 그러다 보니 내용도 장황해지고 말의 속 도도 빨라집니다. 이런 특징들도 조심해야 합니다.

제 생각에 젊은 입사 지원자로서 여러분에게 가장 유리하게 작용 할 정치적 포지셔닝은 합리적 보수나 중도 진보입니다. 사회의 문제 이슈들에 관심이 많아서 진보 의견에 관심을 조금 가지고 있다, 정 도가 좋습니다.

단, 정치 성향은 면접에서 감점 요인으로 작용할 수는 있으나 플러스 요인으로 작용하기는 어렵다는 것을 알아야 합니다. 즉, 자기가 어떤 정치 성향을 가졌다고 절대로 먼저 말할 필요는 없다는 것입니다. 굳이 그런 모험을 할 필요가 없습니다. 단지 나의 말이나 행동에서 혹시 급진의 진보주의자 느낌을 풍기지는 않는지 주의하면 불필요한 감점을 받지 않을 수 있겠지요.

CHECK POINT ——— 06

• 본인의 진보 성향을 최대한 감춰라.

대기업이 아니라면 절대로
연봉을 높게 부르며 협상하지 말라

대기업의 경우 한 번 확정된 입사 결정이 인사팀과의 연봉 협상 마찰 때문에 철회되는 경우는 거의 없습니다. 이 경우엔 최대한 높이 부르고 길게 버텨서 본인 의지대로 관철시키는 게 정답입니다. 어차피 대기업은 연차별로 연봉 테이블이 어느 정도 다 나와 있기에 주변 사람 몇몇에게만 물어봐도 내 수준에서 받을 수 있는 최고액이 얼마인지를 알 수 있습니다. 그 최고액을 부르고 계속 기다리면 결국 어떤 식으로든 협상이 마무리됩니다.

문제는 대기업이 아닌 곳에 입사가 결정된 경우입니다. 여기는 시스템화된 연봉 테이블이 없습니다. 말 그대로 사장님 마음이지요.

그래서 협상만 잘하면 나보다 높은 직급의 사람보다 더 많은 연봉을 받을 수도 있습니다. 그러나 저는 여러분에게 대기업을 제외한 모든 회사에 입사할 때, 연봉은 주는 대로 받고 절대 협상하려 들지 말라 조언하고 싶습니다.

일단 여러분이 연봉 협상에서 온갖 스킬을 다 동원해서 이겼다 칩시다. 그래서 비슷한 스펙을 가진 주변의 동료들보다 훨씬 더 많은 연봉 금액에 사인했다고 칩시다. 그런 경우, 회사는 앞으로 여러분을 어떤 눈으로 볼까요? '일단 이번엔 속는 셈 치고 져줬는데, 네가 정말 그만큼 일 잘하나 보자' 하는 마음으로 도끼눈을 뜨고 지켜볼 것입니다.

다행히 여러분이 받는 연봉만큼의 퍼포먼스를 낸다면 문제없겠지만 그렇지 못할 경우에는 상당한 스트레스를 받을 것입니다. 회사는 본전 생각이 나서 어떤 식으로든 여러분을 압박할 것입니다. 아무리 노동법이 예전보다 강해졌다고 해도 직원을 내보내려고 하는 기업에 맞서서 이기기란 쉽지 않습니다. 가시방석 위에서 하루하루 버틸 바에는 차라리 하루라도 빨리 다른 곳 찾아 떠나는 편이 좋지요.

연봉을 더 받고 싶으면 더 달라 조르고 협상할 게 아니라 연봉을 더 주는 회사로 가는 것이 가장 좋은 방법입니다. 그건 협상에 달린 문제가 아니라 여러분이 얼마나 업계에서 경쟁력을 가지느냐의 문제이지요. 여러분이 수준에 걸맞은 금액 이상의 연봉을 받는다면 그건 다 회사에 일로써 갚아야 할 빚입니다. 한 가지 명심해야 할 것은 모든 빚에는 이자가 붙는다는 점입니다. 여러분은 회사에 원금은 물론 이자까지 갚아내지 않으면 일정 기간이 지난 후 바로 상당히 괴로운 채무 독촉에 시달릴 것임을 꼭 알아야 합니다.

- 대기업이 아닌 경우, 연봉은 주는 대로 받아라.
- 연봉을 더 받고 싶으면 더 주는 회사로 옮기면 된다.

밑천을 다 보여주지 마라

본인의 장점을 이야기할 때는 하나부터 열까지 다 말하지 마십시오. 이것 말고도 말할 장점이 더 많은 데 시간이 없어서 급하게 마무리한다는 느낌을 주어야 합니다. 회사에 지원한 동기, 회사에 입사하면 어떤 점에서 기여하겠다는 이야기도 뭔가 더 할 이야기가 많지만 시간적 제약 때문에 하고 싶은 말을 마음껏 다 못한다는 느낌이 들도록 대답해야 합니다.

방법은 간단합니다. 이야기를 할 때 제목 위주로 요점만 요약해서 이야기하지 않고 하나하나를 자세히 풀어 설명하면서 시간을 잡아먹는 것입니다. 회사에서 직원들이 이런 식으로 업무 보고를 했다간

"핵심만 이야기하라!"고 바로 지적을 당하겠지요. 하지만 면접 때는 아무도 여러분의 말하는 방식을 가지고 지적하지 않습니다. 회사와 아무런 관계도 없는 사람을 지적하고 교육시켜서 뭐합니까?

만일 어떤 질문을 받으면 일단 "거기에 대한 답은 많이 있습니다"라고 먼저 운을 띄워놓고 순서대로 중요한 것부터 하나씩 시간을 들여서 이야기합니다. 그러다 시간이 어느 정도 지나면 뭔가 더 이야기할 것이 많은데 다 하지 못한 것 같은 느낌을 주면서 급하게 마무리를 합니다. 이제 사람들은 그 뒤의 이야기를 궁금해하게 마련입니다. 뭔가 할 이야기가 더 있는데 시간이 없어서 또는 자리가 자리인 만큼 불편해서 미처 다 얘기를 못 끝낸 것 같은 느낌을 주는 것이 핵심입니다.

내 얘기를 더 듣고 싶고 나를 또 만나고 싶게 만들어야 합니다. 아무리 좋은 점이 많고 할 얘기가 많아도 처음 만나는 자리에서 너무 많은 장점을 드러내면 누구라도 질려버립니다. 적당한 선을 찾아 유지해야 합니다.

안타까운 것은 실제로 남보다 장점이 많은 사람들, 능력이 많은 사람들이 이런 실수를 많이 한다는 것이지요. 너무 아는 게 많아서 할 말이 많고 주어진 시간에 그걸 다 쏟아내다 보니 분위기만 썰렁해집니다. 면접관 입장에서는 들은 내용은 하나도 기억 안 나고 썰렁한 분위기만 기억에 남습니다. 이래서는 아무 소용이 없습니다.

누차 강조하지만 면접에서는 여러분의 총체적인 좋은 이미지를 남겨야 하지요. 좋은 이미지를 심어주기 위해 가장 효과적인 방법은 신비감을 주는 것입니다. 그래야 이 사람을 꼭 뽑고 싶은 긴장감이 생깁니다. 수다스럽고 순진해 보이는 사람에게는 신비감이 생기지 않습니다.

신비감은 의외성을 통해 만들어집니다. 이럴 줄 알았는데 저렇고, 조건을 보니 그럴 것 같은 사람인데 막상 만나 보니 이런 모습이고 ……. 이런 의외적 반전을 통해 '야, 이 사람 도대체 정체가 뭘까?' 하는 신비감이 형성됩니다. 앞서 제출한 이력서, 자기소개서의 내용이 만일 모범생의 이미지가 강한 경우라면 면접에서 좀 더 활동적이고 창의적인 모습을 많이 보여줘야 합니다. 만일 이력서의 내용에서 무게감이나 신뢰감을 줄 만한 객관적 스펙이 부족하다면 면접 시간은 그런 이미지를 반드시 만회할 정말 중요한 기회입니다. 이 위기를 잘만 넘긴다면 여러분은 평면적이고 일관성 있는 모습의 다른 지원자들보다 오히려 훨씬 더 매력적으로 신비감 있게 각인될 겁니다.

옷이나 구두 또한 누가 봐도 뻔히 아는 명품이 주는 감동보다 처음 보는 로고이지만 나중에 인터넷으로 찾아보니 명품인 것을 발견했을 때 받는 감동이 더 큽니다. 이렇게 감정은 예측 가능하고 평면적인 것보다 입체적일수록 그 깊이가 진해집니다. 우사인 볼트가 결승점에 1등으로 들어올 때 마지막까지 최선을 다해 달리지 않고 결승점에서 천천히 걸어들어올 때 사람들은 더 환호합니다. 그 한계를 알 수 없기 때문이죠.

"당신의 매력을 죽을 때까지 다 모를 것 같아요!"

이 말은 이성에게 받을 수 있는 최고의 사랑 고백 아닐까요? 면접에서도 이것이 통합니다.

CHECK POINT ——— 08

• 너무 많은 내용을 길게 끌어서 말하지 마라.

• 모든 이야기를 배경부터 결론까지 마무리하려고 하지 마라.

유머 감각이 있는 사람은
머리가 좋아 보인다

또 픽업아티스트 이야기를 꺼내서 죄송합니다. 하지만 면접은 여러분이라는 상품을 거래하는 행위이고 그 원리가 마치 남녀 간의 연애 활동과도 같은 메커니즘을 통해 작동되기 때문에 어쩔 수 없이 자꾸 연애라는 게임의 프로선수인 픽업아티스트의 예시를 들게 되는 점, 이해해주세요.

픽업아트스트들은 여자는 남자를 고를 때 본능적으로 우성적인 종족 번식을 생각한다고 합니다. 그래서 이왕이면 우성의 유전자를 가진 남자를 선택한다고 하지요. 그렇기 때문에 잘생기고 체격이 건장하고 게다가 머리가 좋은 남자를 선호하게 된다고 합니다. 이들은 여자로 하여금 남자가 머리가 좋다는 생각이 들게 만들어주는 것이 바로 '유머 감각'이라고 합니다. 이것은 종족 번식을 마음에 둔 여자들뿐 아니라 모든 사람이 공통적으로 느끼고 있는 부분입니다.

　다른 면접 자리보다 웃음꽃이 더 많이 피어나는 면접이 있습니다. 막상 그 자리에서는 웃고 끝났지만 시간이 지나면 마음속에선 유머 감각이 많았던 그 지원자는 왠지 머리가 좋을 것 같다는 선입견이 작동합니다. 머리가 좋다는 항목은 예전부터 입사 결정에 중요한 역할을 하는 부분입니다만, 요즘 면접에서는 이 부분을 확인해볼 바로미터가 별로 없습니다.

　예전 이력서에는 아이큐를 적는 빈칸이 있었습니다. 지금에야 그게 인권 침해이고 또 아이큐만 높다고 머리가 좋은 것이 아니라는 사실이 알려져서 항목 자체가 없어졌지만 기업은 늘 머리 좋은 사람을 뽑고 싶어 합니다.

　학벌이나 영어 점수만으로는 지원자가 얼마나 머리가 좋은지 판단하기란 어렵습니다. 머리가 좋다는 건 아이큐가 높은 것뿐만 아니라 눈치도 빠르고 순발력도 있고 감성도 상상력도 좋은 것을 의미합니다. 이 모든 조건을 연합해서 할 수 있는 일, 그중에서 가장 난이도가 높은 것이 바로 사람을 웃기는 일입니다. 슬랩스틱 코미디나 '아재개그' 같은 스타일로 웃기는 것이 아닌, 가령 우디 앨런의 영화나 〈SNL〉 또는 데이비드 레터맨 스타일의 지적으로 웃기는 경우를 말합니다.

꼭 수준 높은 지적 개그가 아니더라도 면접 보는 내내 많이 웃고 즐겁다 보면 면접관들은 무의식적으로 여러분을 머리가 좋다고 느끼게 됩니다.

혹시 여러분 중에 평소 남을 잘 웃기고 즐겁게 하는 능력이 있다면 그건 여러분이 머리가 좋다는 증거입니다. 그렇다면 면접 자리에서도 주눅 든 채 무게만 잡고 있을 것이 아니라 남을 웃기고 즐겁게 해주는 능력을 마음껏 발휘해야 합니다.

CHECK POINT ——— 09

- 면접 자리에서 최대한 많이 웃기고 본인도 많이 웃어라. 그것이 당신을 머리 좋은 사람으로 보이게 만든다.

웃는 얼굴이 아니라
두 눈에 가득 하트를 담아라

'눈으로 전달하지 못하는 감정은 없다'라는 말이 있습니다. 사실, 눈으로 전달받는 감정은 말이나 행동을 통해 받는 것보다 그 감동이 더 큽니다. 눈으로 말을 거는 지원자들은 도무지 당해낼 수가 없습니다. 이것은 저의 솔직한 고백입니다.

지원자의 외모 때문도 아니고 얼굴 표정, 웃음 때문도 아닙니다. 눈이 혼자서 마치 독립된 인격을 가진 것처럼 나에게 얘기를 걸고 있다고 느낀 적 없나요? 단순히 웃는 얼굴과 하트 뿅뿅 가득한 눈은 받는 느낌이 완전히 다릅니다. 웃는 얼굴은 꾸며낼 수 있지만 하트가 가득한 눈은 의심을 할 수 없기 때문입니다. 여러분이 면접장에 가지고 들어갈 아주 강력한 무기가 바로 이 '하트 가득한 눈'입니다.

'이 회사에서 진짜 진짜 일하고 싶어요, 꼭 뽑아주세요, 정말 열심히 하겠습니다.'

이런 종류의 감정은 '말'로써 입 밖으로 꺼내는 순간 바로 신비감이 사라지고 '밀당'의 감정이 끝나버립니다. 김이 확 새지요. 그러나 회사와 일정 수준의 '거리감'을 유지하며 긴장감 있게 밀고 당기기를 하는 것 같지만 눈으로는 '저를 꼭 뽑아주세요, 저는 이 회사가 정말 좋습니다'라고 눈에 하트를 가득 담아 말한다면 듣는 사람은 어떤 기분이 들까요? 웬만한 면접관은 이성적 판단력이 무뎌질 겁니다.

물론 이 역시 지원자의 나머지 부분에서 어느 정도 회사와 '밀당'을 할 만큼의 경쟁력을 갖추었을 때에나 가능한 이야기겠지요. 애절한 눈빛만으로 면접관들을 사로잡겠다는 발상은 본인을 더 가벼운 사람으로 각인시키는 역효과를 낼 수도 있습니다.

CHECK POINT ——— 10

- 거울을 보고 눈으로 말하는 연습을 하라.
- 두 눈에 '하트'를 가득 담은 표정을 연구하라.

CHAPTER

TECHNOLOGY OF EMPLOYMENT

FREE PASS TICKET

6

언제, 어디에 지원하는가?

채용 공고를 마냥 기다리지 말고
지금 당장 원하는 직장에
이력서를 보내라

일부 대기업을 제외한 대부분의 회사에는 항상 직원이 모자랍니다. 오너라면 누구나 일에 비해 직원이 넘쳐나는 경우를 두고 보지 못합니다. 그래서 없던 사업을 벌여서라도 상황을 타이트하게 가져 갑니다. 그렇게 항상 직원이 부족하다 싶은 상태가 유지되어야 밤에 발을 뻗고 잠잘 수 있습니다. 그래서 어느 회사든 항상 직원이 부족하다는 말을 하지요. 이런 맥락에서 직원 채용 공고가 떴을 때, 그 시점이 정말 그 회사에 직원이 필요한 때라고 생각할 필요는 없습니다. 그냥 직원은 언제나 부족하다고 생각하면 됩니다.

바꿔 말하자면 채용 공고가 안 올라온 시점이라도 사람만 좋으면 언제든 채용이 가능하다는 것입니다. 규모가 조금 슬림한 회사라면 이런 의사결정을 내리기 더 쉽습니다.

기존 업무를 진행하는 데는 사람이 부족하지 않더라도 정말 사업 아이디어가 넘치고 추진력 있어 보이는 사람이 입사 지원을 하면 없던 사업이라도 새롭게 벌일 수 있는 것입니다. 반대로 채용 공고를 냈으나 마음에 드는 지원자가 없으면 아예 채용을 안 할 수도 있습니다. 그렇기 때문에 이론상으로는 굳이 채용 공고 시점에만 입사 지원을 할 필요가 없습니다.

경험상 저는 공식적으로 채용 공고를 낸 기업에 입사하기가 그렇지 않을 때 입사하기보다 오히려 더 힘들다고 생각합니다. 기업이 구직 포털사이트에 공식적으로 비용을 들여 채용 공고를 내면 일단 지원자 수가 폭발적으로 많아집니다. 평소에 한가했던 인사팀은 물 만난 고기처럼 상당히 분주해집니다.

채용 관련 타임테이블을 만들고, 굳이 필요하지도 않은 여러 입사 관련 제출 서류들을 리스트업하고, 1차·2차 면접에 참여할 면접관들을 선발하는 등 마치 연례행사 준비하듯 이것저것 갖가지 사항을 체크합니다. 평소에는 사장님 면접 한 번이면 입사 가능했던 규모의 회사가 공식적으로 채용 공고를 내면 소위 절차를 위한 절차들을 만들고는 불필요하게 채용 기준만 올려놓게 되는 것이지요. 그래서 그 회사 수준에 어울리지도 않는 불필요한 취업 경쟁이 발생하고, 또 그렇게 뽑힌 고스펙의 직원들은 막상 입사하면 기대에 못 미치는 현실에 실망하여 회사를 쉽게 그만두는 경우가 많아지는 것입니다.

사실, 많은 기업이 포털사이트 공채가 아닌 다른 여러 방법을 통해서도 항시 직원을 채용하고 있습니다. 헤드헌터를 통해 혹은 지인들을 통해 추천을 받기도 하고, 사장이나 오너가 직접 다니면서 눈에 띄는 사람을 채용하기도 합니다. 공채 공고를 낸 기업만 사람을 뽑고 있는 것이 아닙니다. 사람은 늘 필요합니다.

포털사이트에 공채 공고가 올라온 기업에 지원하면 현재 시장의 구직자란 구직자는 죄다 그리로 몰리기 때문에 경쟁만 치열해질 뿐입니다. 따라서 공채 공고가 뜬 기업뿐 아니라 우리나라에 존재하는 모든 기업을 대상으로 하여 여러분이 정말 입사하고 싶은 곳을 정해서 마음껏 입사 지원을 하십시오. 혹여 바로 입사 결정이 나지 않더라도 걱정하지 마세요. 회사에 사람이 필요한 경우, 여러분은 가장 먼저 검토되는 지원자가 될 것입니다.

CHECK POINT ——— 01

- 기업은 공채 기간에만 사람을 뽑는 것이 아니다.
- 오히려 공채 시기를 피해서 지원하는 것이 더 유리할 수도 있다.

정식 채용 시점이 아닐 때,
보내는 입사지원서는
반드시 수신인을 지정하라

여러분이 주의해야 할 사항 한 가지는 입사 공고가 정식으로 뜨지 않은 기업에 입사지원서를 보낼 때 반드시 이메일에 수신자를 정확하게 명시해야 한다는 점입니다.

대부분의 경우 모든 입사 관련 서류는 우선 인사팀에 전달됩니다. 인사팀은 특별한 수신인이 적혀 있지 않은 입사 관련 메일은 회사의 공식적 채용 시점이 아니기 때문에 대부분 자기 선에서 보관하거나 폐기합니다. 하지만 이메일 제목에 '아무개 씨 앞' 또는 '무슨 부서 아무개 팀장님 앞' 하는 식으로 수신인이 명시된다면 일단 그 수신인에게 메일을 전달해줍니다. 수신인이 적혀 있는 이메일은 아무리 본인 소관인 입사 지원 서류라고 해도 함부로 폐기할 수 없기 때문이지요. 그래서 수신인 항목에 입사를 원하는 부서의 무슨 팀장예컨대 생활팀장 앞. 구매팀장 앞이라고 적으면 좋습니다. 좀 더 나아가 팀장의 이름을 알아내어 명시하면 메일이 전달될 가능성은 더 높아집니다. 실무 팀장의 이름은 기업 관련 뉴스 검색을 통해 알아보거나 한 다리 건너 누구에게 물어봐서 알아내면 됩니다.

기업 규모가 조금 더 슬림한 경우는 바로 '아무개 대표이사님' 앞으로 메일을 보내도 좋습니다. 사장님 앞으로 온 메일을 얘기도 안하고 함부로 버릴 인사팀 직원은 아무도 없을 겁니다. 혹시 사장님을 개인적으로 아는 사람이 보낸 지원서일 수도 있는 거고, 사장님이 개인적으로 부탁한 주변 헤드헌팅 회사나 지인의 소개로 온 메일일 수도 있기 때문입니다. 그래서 이런 경우가 오히려 공식적으로 직원을 채용할 때보다 훨씬 더 쉽게 사장님 면접의 기회도 얻을 수 있습니다. 세상은 공평하지 않은 곳이라는 점을 꼭 알아야 합니다.

CHECK POINT ——— 02

- 공채 시기가 아닌 시점에 보내는 입사지원서는 반드시 수신인을 명시하라.
- 가능하다면 해당 팀장의 이름을 알아내라.

**타율이 중요한 게 아니라
홈런 개수가 중요하다**

TECHNOLOGY OF EMPLOYMENT   FREE PASS TICKET   CHAP 0 ~~~ 03

지인 중 여자에게 말만 걸면 번번이 퇴짜를 당하는 이가 있습니다. 여자에게 말 걸어서 전화번호를 얻어낼 확률이 야구선수의 타율로 따지면 1푼도 채 안 됩니다. 하지만 이 친구가 제 지인 중 여자가 제일 많습니다. 시도 회수 자체가 월등히 많기 때문이지요. 어느 정도냐 하면, 클럽에 가서 일단 여자한테 말을 걸고 거절을 당하고 우리 테이블로 돌아오는 그 순간에 또 말을 겁니다. 아까 저 테이블에서 다른 여자들에게 퇴짜 당하는 장면을 목격한 여자들에게도 가서 또 말을 거는 겁니다. 그래서 타율이 1푼이라도 100번 시도하면 한번은 성공하기 때문에 아예 거절당할까 봐 부끄러워서 시도조차 안

하는 우리보다 여자가 많은 것입니다.

채용 시장도 같은 맥락입니다. 이 게임은 타율이 중요한 게 아니라 홈런 개수가 중요합니다. 홈런을 많이 치려면 타석에 많이 서야 합니다. 타율왕이 되기 위해서는 그날 컨디션도 생각하고 상대 투수가 누군지 고려해서 타석 조절도 해야겠지만 홈런왕을 노리는 선수라면 악착같이 한 타석이라도 더 들어가려고 하겠지요.

여러분도 마찬가지입니다. '왠지 나는 여기는 안 될 것 같아, 떨어지면 상처 받을 것 같아' 등의 이런저런 이유로 될 것 같은 수준의 회사에만 지원하면 붙어도 만날 그 수준이고 혹시나 떨어졌을 땐 '내상'만 더 심해집니다.

막상 회사에 취직해보면 생각보다 별것 아닌 회사가 참 많습니다. 둘러보면 나보다 별로 잘나지 않은 사람도 많습니다. 내가 여기 오려고 그렇게 스펙을 쌓고 마음을 졸여가며 채용 과정을 준비했나, 자괴감이 드는 경우도 많습니다.

실제로 채용은 참 공평하지 않습니다. 불과 몇 달 전만 해도 아무나 못 들어가던 경쟁률 높던 회사가 갑자기 매출이 오르고 직원 채용 숫자가 열 배로 늘어나면서 이전 채용 때보다 훨씬 못한 기준의 직원들이 쉽게 채용되기도 합니다. 운 좋게 사장님 면접이 잡혀서 서류전형 없이 바로 채용되기도 합니다. 언제 어디서 어떻게 채용이 될지 모르는 게임이기 때문에 여러분은 최대한 많은 타석에 들어가야 합니다.

중요한 건 여러분이 '젊음과 열정을 다 태우며 일하고 싶은 회사가 있는지', 또 '그 이유를 여러분이 확실히 알고 있는지'입니다. 만일 이것만 확실히 서 있다면 여러분이 입사하고 싶은 모든 회사에 입사지원서를 보내십시오. 혹시 연락이 바로 오지 않더라도 여러분이 보낸 그 지원서는 어떤 식으로든 여러분에게 도움될 것입니다. 일단 한 번 눈도장이 찍혔기 때문에 다음번 공식 채용 때는 다른 지원자들보다 훨씬 유리한 입장에 설 수 있는 것이지요.

CHECK POINT ——— 03

- 무조건 많이 지원하라.
- 아무도 입사 재수 횟수를 신경 쓰지 않는다.

채용 시장에서의 게임은 타율이 중요한 게 아니라
홈런 개수가 중요합니다.

회사 규모가 작더라도 대기업들이 궁금해할 만한 특별한 회사에 지원하라

최종 면접관으로서 개인적 경험을 말하자면 저는 대기업 신입 공채에 지원하는 것을 별로 추천하지 않습니다. 왜냐하면 당락은 여러분 레벨에서 제어할 수 있는 부분이 아니기 때문입니다. 일단 지원자가 너무 많고 1차, 2차, 3차에 걸쳐 지원자들이 추려지는 과정에서 여러분의 스펙이나 실력 외에도 너무나 많은 통제 불가능한 변수들이 작용합니다.

3차 면접이 끝나고 합격 후보자들이 선정되면 어느 시골 깊은 산속에 있는 연수원으로 갑니다. 거기서 몇 날 며칠을 묵으며 그룹 과제 활동을 하고 또 그걸 통과해야 최종 합격자로 확정됩니다. 고래

고래 구호를 외치고 담력 테스트를 거치고 인간 피라미드를 쌓아서 그 위에 올라가고 군복을 입고 땅을 거꾸로 기는 등 별의별 테스트를 다 거쳐야 합니다. 저는 그들이 무슨 기준에 따라 최종적으로 뽑히는지 모르겠습니다. 그때그때의 기업 헤게모니, 사회적 분위기, 혹은 단순한 운일지도 모릅니다.

이렇게 우여곡절 끝에 대기업에 입사하면 당장 큰 짐은 덜겠지만 그다음이 문제입니다. 승진이 잘 안 된다는 겁니다. 요즘 같은 경기에 대기업에서 제때 꼬박꼬박 승진하는 경우는 전체의 10퍼센트도 안 됩니다. 위로 갈수록 승진 누락, 즉 재수하는 기간이 길어집니다.

기업마다 조금씩 다르겠지만 직급별로 몇 번 이상 누락하면 퇴사해야 한다는 인사 조항이 있습니다. 예전처럼 일단 대기업에만 들어가면 어떻게든 인생이 쉽게 풀리던 시절은 끝났습니다. 입사하는 날부터 바로 구직 시절만큼의 강도 높은 스트레스를 받게 됩니다.

제가 추천하는 방법은 첫 직장은 대기업이 아닌 작은 회사에서 시작하라는 것입니다. 다만 회사는 작되, 뭔가 특별한 회사라야 합니다. 업태가 특별하다든지 그 회사만의 독특한 사업모델이 있다든지, 최근 시장에서 돌풍을 일으키고 있는 회사라든지, 작지만 모두가 궁금해하는 '찐한 브랜드'를 가진 회사라든지, 특별한 기업문화를 가진 회사라든지 그게 무엇이든 간에 뭔가 타사와는 다른 특별함을 가진 회사에 입사하는 것이 좋습니다.

일단 들어가기도 대기업보다 수월합니다. 입사 후에는 본인이 맡은 일의 종류나 깊이도 대기업에 입사한 경우보다 훨씬 더 많고 깊을 수 있어서 일을 더 빨리 배울 수 있습니다.

그리고 제일 중요한 것은 이런 회사를 대기업들이 늘 관심 있게 보고 있다는 사실입니다. 특히 오너, 대표, 임원 들은 늘 이런 작고 특별한 회사들을 관찰하고 그들의 혁신성이나 아이디어를 부러워합니다. 우리 회사도 저들처럼 반짝였으면 좋겠고 혁신적으로 개혁해보고 싶은 마음이 가득하지요. 그래서 가장 쉽게 떠오르는 방법이 그 회사의 직원을 스카우트해 오는 것입니다.

대기업과 협업하는 헤드헌팅 회사, 서치펌 회사들은 그래서 항시 규모는 작지만 특별하고 반짝이는 회사들을 주목합니다. 거기서 누가 무슨 일을 하고 있는지 면밀하게 관찰하는 것이지요. 이런 회사의 직원들을 대기업이 선호하고 실제로 잘 팔린다는 사실을 알고 있기 때문입니다.

그런데 이런 작은 회사들에 다니는 직원들의 문제점은 막상 대기업에서 뽑기엔 나이가 너무 어리거나 학벌이나 외국어 능력 같은 기본 스펙이 부족하다는 점입니다. 아무리 창의적이고 일 잘하는 직원일지라도 막상 대기업에 뽑아놨을 때 나이가 어려 낮은 직급으로 일해야 하거나 스펙이 주변 사람들에 비해 너무 차이가 나면 적응하기도 힘들고 퍼포먼스를 기대하기도 어렵지요. 그래서 가뭄에 콩 나듯 그런 작은 회사에 나이도 어느 정도 차고 스펙도 대기업 레벨에 준하는 직원이 있으면, 그는 바로 대기업에 경력직 사원으로 팔려갑니다. 당연히 급여도 훨씬 많이 받겠지요. 제 생각에는 이 방법이 현실적으로 대기업에 들어가는 가장 빠른 길입니다. 그것도 어느 정도 직급이 있는 수준으로 말이지요.

그래서 만일 여러분이 충분히 대기업에 들어갈 만큼 자신 있는 스펙을 갖추었다면 오히려 당당하게 작은 회사에서 커리어를 시작하는 것도 좋은 방법입니다.

어차피 첫 직장은 2, 3년만 다닐 생각으로 들어가는 게 좋습니다. 대기업도 아닌 첫 직장에서 10년 이상씩 다닌 직원들의 경우엔 훗날 이직도 힘들어집니다. 다른 경쟁자들이 10년 동안 최소 세 군데 이상의 직장을 옮겨 다니며 얻은 실무 경험에 비하면 한 직장에서 10년 동안 경험한 내용은 아마도 범위도 좁고 내용도 적을 것입니다. 게다가 직장을 옮길 때마다 급여가 일정 수준 뛰었을 가능성이 높습니다. 한 직장에서 10년을 계속 다녀보았자 급여가 얼마나 오를까요? 일정 시간이 흐른 뒤, 직장을 많이 옮겨 다닌 직원과 한 직장에 계속 다닌 직원의 연봉을 비교해보면 전자가 훨씬 더 높습니다.

물론 너무 잦은 이직도 커리어에 마이너스가 되지만 너무 오랜 기간, 그것도 첫 직장을 그렇게 오래 다닌 사람이라면 구인하는 쪽에선 오히려 '경쟁력 없는 사람이 아닌가?' 하는 의심의 눈초리로 볼 수도 있습니다.

- 대기업에 입사하는 가장 빠른 길은 대기업이 관심 가질 만한 회사에 입
  사하는 것이다.

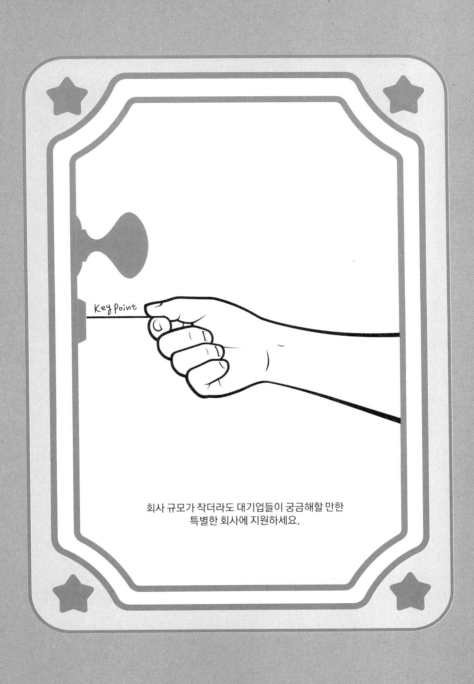

Key Point

회사 규모가 작더라도 대기업들이 궁금해할 만한
특별한 회사에 지원하세요.

인사 청탁을 하면 안 되는 이유

　간단하면서도 중요한 이야기입니다. 지원 회사에 아는 사람이 높은 위치에 있더라도 절대 그에게 인사 청탁을 해서는 안 됩니다. 될 일도 그르치는 경우가 많습니다.

　더 치명적인 건 서류전형이나 면접 과정에서 내가 아는 사람이 이 회사 다니는 아무개라는 이야기를 떠벌리는 것입니다. 연배가 좀 있다면 이해하기 어려운 이야기이겠지만 오늘날 현실이 그렇습니다.

　요즘 기업은 모두가 몸을 사립니다. '정도경영'에 대한 강조가 너무 심해서 지나칠 정도로 직원들을 압박합니다. 필요 이상으로 관련 교육을 받아야 하고 법인카드 사용 내역부터 인사 청탁, 수주 청탁,

각종 부정부패에 대한 감시가 심합니다. 그리고 그 징계 수위도 예전보다 훨씬 강화되었습니다. 그래서 아무리 높은 직급의 임원이라도 정도경영 이슈에 한 번 걸리면 바로 옷을 벗어야 합니다.

면접 볼 때 "이 회사에 나 아는 사람이 다니니까 날 좀 잘 봐달라"라는 발언은 그 지인을 상당한 곤경에 빠뜨리는 위험한 언사입니다. 여러분이 자기 힘만으로도 충분히 채용 과정을 통과해서 합격할 수 있는 조건을 갖췄더라도 그 사람 입장에서 아는 이가 회사에 지원해서 내 이야기를 여기저기 하고 다녔다는 걸 알게 되면 이야기가 달라집니다. 그 사람은 괜한 인사 청탁의 오해를 받지 않기 위해서라도 오히려 깔끔하게 여러분을 탈락시키려고 할 것입니다. 여러분 입장에서는 그냥 가만있었으면 합격할 것을 오히려 입을 잘못 놀려 탈락할 수도 있는 것이지요.

그래서 요즘은 아예 모르는 게 약입니다. 지원 회사에 아는 사람이 있으면 솔직히 없는 것보다 여러분이 도움을 받을 수는 있겠지요. 기업문화를 미리 파악할 수도 있고, 면접 시 자주 하는 질문을 미리 알 수도 있고, 면접관의 성향에 대한 힌트도 얻을 수 있습니다. 그러나 여러분이 그 직원을 알고 있다는 사실을 그 회사 누구에게라도 알리면 안 됩니다. 기실, 이런 사실은 채용이 확정되고 회사생활을 하면서도 비밀로 해두는 편이 더 좋습니다. 나중에라도 알려지면 마치 그 사람이 여러분의 입사에 힘을 썼다는 누명을 쓸 수도 있기 때문이지요.

- 지원 회사에 아는 사람이 있다는 사실을 절대로 발설하지 마라.

지원 회사에 아는 사람이 높은 위치에 있더라도
절대 그에게 인사 청탁을 해서는 안 됩니다.
될 일도 그르치는 경우가 많습니다.

정말 사랑에 빠질 만한
회사를 찾아 지원하라

자기소개서 잘 쓰는 법, 면접 잘 보는 법 등의 관련 책이나 강의들의 가장 큰 오해는, 기업이 정해진 원칙에 의해 직원을 채용한다고 믿고 있는 것입니다. 다시 말해, 정답이 존재한다는 가정하에 정답에 가까운 답변을 말할수록 합격 확률이 높아진다고 생각하는 것입니다.

하지만 현실은 그렇지 않습니다. 본인의 이상형을 물어보는 질문에 스스로의 답변이 얼마나 정확할까요? 내가 싫어하는 사람에 대한 묘사는 할 수 있어도 내가 사랑에 빠지는 사람을 묘사할 수 있는 사람은 많지 않습니다.

기업도 마찬가지입니다. 기업마다 정해진 채용 원칙은 존재합니다만, 그것은 이런 사람은 뽑으면 안 된다거나 이런 사람들을 위주로 뽑으라는 큰 범주의 가이드라인에 불과합니다. 채용을 결정하는 마지막 순간에는 정해진 답이 없습니다. 면접관들도 정답을 모릅니다. 마치 우리가 어떤 외모와 어떤 느낌을 주는 사람과 실제로 사랑에 빠질지 미리 알 수 없듯이 기업도 어떤 직원을 최종적으로 뽑아야 할지는 실제 그 사람을 만나보기 전까지 알 수 없습니다.

그래서 우리는 실제로 실수도 많이 합니다. 저를 포함한 많은 기업 오너에게 본인이 그토록 심사숙고해서 뽑은 직원들에 얼마나 만족하냐는 질문을 하면 절반 이상은 만족스럽지 못하다는 답변을 합니다. 남녀관계에서 본인의 배우자 만족도를 묻는 질문에 대한 답변도 아마 마찬가지일 것입니다. 심한 경우는 속았다고 말하는 이들도 많을 것입니다. 이것이 엄연한 현실입니다. 어떤 직원을 뽑아야 한다는 명확한 정답을 모르기 때문에 본인들의 경험이나 선입견에 의존해서 최선을 다해 선택할 뿐입니다. 그래서 취업을 위해 여러분이 할 수 있는 최선의 방법은 정답을 찾으려 노력할 것이 아니라 어떤 유형의 사람들이 취업에 성공했는지, 그들이 서류전형이나 면접 과정에서 어떤 공통적인 모습을 보였는지를 관찰하고 최대한 따라 하는 것입니다.

이 책의 내용은 지난 저의 커리어를 통틀어 최종 면접에서 합격한 직원의 특징들을 정리한 것입니다. 이들은 남들보다 정답을 더 잘 이야기해서 채용된 것이 아닙니다. 이들이 채용된 이유는 이들을 뽑은 저조차도 잘 모릅니다. 굳이 따지자면 그날 그 장소의 수천 가지의 변수가 긍정적으로 작용했다고나 할까요. 따라서 정답을 찾기보다는 이들의 모습을 관찰하고 왜 이런 모습들이 합격에 긍정적으로 작용했는지 그 원리를 이해해야 합니다. 그리고 채용에 부정적인 영향을 줄 여러 요인을 파악하고 조심해야 합니다. 그것뿐입니다.

먼저 여러분이 정말 사랑에 빠질 만큼 입사하고 싶은 회사가 있는지 생각해보세요. 내가 당장 직장이 급해서 이 회사에 입사를 원하는지, 정말 애정을 갖고 이 회사에서 일하고 싶은지를 알아야 합니다. 그러기 위해서는 입사를 지원하기로 마음먹은 회사를 오랜 시간 관심을 두고 관찰해야 합니다. 회사의 오너는 어떤 사람인지, 경영 철학은 내 마음에 와 닿는지, 회사의 비즈니스 모델이 나의 적성과 맞는지, 내가 남보다 더 실력 발휘를 할 수 있는 곳인지, 정말 자신이 있는지를 생각해봐야 합니다.

그렇게 하고서 정말 확신이 든다면 이제 사랑을 표현해야 합니다. 마음만 품고 있어서는 그 진심이 상대방에게 전해지지 않습니다. 그 진심이 글 속에서, 말과 행동에서 드러날 때 상대방이 비로소 알 수 있습니다. 이것이 바로 여러분의 입사 과정입니다.

이런 마음으로 입사한 회사에서 여러분을 부속품처럼 내버려둘 오너는 없을 것입니다. 회사 규모가 크든 작든 애정 가득한 마음으로 일하는 직원은 결국 오너의 가장 가까운 위치에서 일하게 됩니다. 누구보다 회사 사정에 대해 많이 알게 되고, 직원 입장이 아닌 경영자 입장에서 회사를 바라보는 '안목'을 얻게 됩니다. 이것이 여러분 입장에서는 가장 빠른 성장이고 그다음 단계로의 도약을 위한 가장 완벽한 준비가 될 것입니다.

이종구

TECHNOLOGY OF EMPLOYMENT

FREE PASS TICKET

Employment success

취직의 기술

초판 1쇄 인쇄 2017년 5월 2일
초판 1쇄 발행 2017년 5월 10일

지은이 | 이종구
펴낸이 | 전영화
펴낸곳 | 다연
주   소 | 경기도 파주시 문발로 115, 세종출판벤처타운 404호
전   화 | 070-8700-8767
팩   스 | 031-814-8769
이메일 | dayeonbook@naver.com
편   집 | 미토스
본문 디자인 | 디자인 [연;우]
표지 디자인 | 김윤남

ⓒ 이종구

ISBN   979-11-87962-22-9   03320